献给想好好说话的你

超级
聊天术

[日] 斋藤孝 著

李静宜 译

北京联合出版公司
Beijing United Publishing Co.,Ltd.

前言
"沉默很恐怖,可是我不擅长闲聊"

进入电梯时,住在同一栋公寓、偶尔会照面的邻居已经在里面,他说:"早。"你也马上回他"啊,早",然后就低下头假装看手机。因为,接下来,**你们没办法继续聊了……**

上学、上班时,你在离学校或公司最近的地铁站、公交站,恰巧遇到不算特别熟的同学、同事,于是,两个人一起往学校或公司走去,平时只是听别人说过他的一些事而已,**到底该说些什么好呢?真尴尬**。你觉得两个人之间的沉默实在很漫长。

新学期的教室、新部门的办公室、读书会、宴会会场……放眼望去,都是不认识的人。虽然是认识人的难得机会,**但自己应该怎么开口呢,就是不会掌握时机啊。**

有这种烦恼的人,应该很多吧。我所教的大学生就有这样的困扰,老实说,青春期时的我也是这样的。

事实上,前面所提到的那些场合中,需要发挥的并不是什么谈话技巧,而是**闲聊力,是要快速缩短与对方的距离,掌握当下的气氛。**不过,请记住这一点:"会讲话"和"会闲聊"是不同的。

关于闲聊,人们通常有两种误解:

①和初次见面或不太熟的人,不知道该聊什么。

②闲聊没什么意义,也没有必要,只是浪费时间。

关于第一点,就像前面所说的,闲聊需要的不是谈话力,而是沟通力。只要知道一点规则和方法,尝试看看,谁都能学得会。因此,不擅讲话的人、害羞的人,你们不要担心,具体方法我会在稍后介绍。

前言

此外，也有很多人觉得闲聊是浪费时间。

他们也许是在怀疑，所听到的诸如关于天气或"早上我家的猫啊怎样怎样"这样的话题，到底有什么意义。

这种想法也是不对的。后面我会详细说明：闲聊不是谈话，而是沟通——**"没什么内容的话"，其实是有意义的**。

说到这里，你应该稍微放松点了吧。

无论对象是陌生人、长者，还是仅见过几次面的人，有些人马上就能消除与对方之间的隔阂，没有奇怪的沉默，一直畅聊下去，而且，看起来好像还很开心。看到这样的人，会有很多人觉得"好羡慕"吧。

老一辈的人，因为有住得近的邻居、亲戚及兄弟姐妹，在交往中能自然地攀谈、闲聊，通过磨炼，不知不觉中就具备了较强的这种能力。但现在的人的情况是，住在附近的人常常都相互不认识，与人闲聊的机会自然也变少。

因此，"感觉很尴尬""一直沉默下去""不知道该说什么"，有着这些烦恼的人就随之迅速增多了。

不过，也有这样的情形：我在大学课堂上进行**"闲聊**

力锻炼课程",特意要学生和他们不认识的同学相互自我介绍。结果,成效马上显现。因为,闲聊力是只需要一点练习,就谁都能学会的能力。

只要三十秒,你就会被看穿!

我想对那些认为"闲聊没有意义、浪费时间"的人,再说一句话。**闲聊,是将你的个性、人格、社会性等,全都浓缩在一起的行为。所以,这些内容都能在仅仅三十秒的不经意的交谈间,完全被看穿。**

假设,你对某个人这样说:"啊,今天是久违的好天气呢!"

这时,如果对方以像是拒绝闲聊的带刺的语气回应:"为什么要说这个?""那又怎样?"你一定会觉得:"咦,这个人很不友善,离他远一点",或是:"为什么他对我有敌意?"

如果对方视而不见、不予回应,那种沉重的气氛也让

前言

人很难以忍受吧。我们跟别人搭话,是在无意识中使用了"闲聊"这个人际上的石蕊试纸,以立刻判断一个人是否容易亲近。

不过,人总有精神状态不稳定的时候,与人对应时也会变得言语尖锐,或异常笨拙。如果有自觉,知道自己"让对方感受到尴尬的气氛",那也还好。

有问题的是,连这种感觉都没有。简单来说,一般人如果无法和别人维持良好的关系,会觉得不太舒服;而有问题的情况是,即使和别人关系不佳,却不以为意,反而觉得"关系不好也无所谓"。这种人,我们就会认为他欠缺社会性。

相反,也有人能让双方自在愉快地谈话,或是让气氛瞬间变得沉稳平和。

法国社会学家布迪厄曾说:"在面试等场合,也能放松地与人自在谈话,这是很了不起的能力。"而想学会这样的能力,在人际关系丰富的环境中长大的孩子,是比较容易的。

也就是说，一个人在丰富的人际关系中成长，人格上具有安定感，这样的素养能通过闲聊传达出来。

一个面对初次见面的人也能放松闲聊的人，拥有精神上的安定感，也就是说他具备社会性。而这些，在三十秒内就能被看穿。前面我也说过，闲聊不只是单纯的谈话术。

你让人觉得信赖、给人安心感，别人也会认为你具备社会性。而由此衍生的愉快关系与联结再进一步发展，你就能得到许多人的喜爱，也能在工作或其他事情上得到很好的机会。

请切记：只是三十秒的"无意义"的话，就有如此重要的意义。

具备闲聊力，人际关系和工作就会一路顺畅

"闲聊是什么？要怎样才能不尴尬地说话与回应对方？"本书会列举一些想法和具体做法，来回答这些问题。

前言

优秀的业务员几乎不谈商品，可以说都是在和客户闲聊。公司经营者同样如此，学校老师也是。很会教课的老师，懂得适度插入一些闲聊，让整堂课更有起伏变化。受欢迎的落语家（落语是日本的一种曲艺形式，类似于中国的相声），在进入主题前使用的引言也非常巧妙。

是的，**如果能学会闲聊力，消除与谈话对象之间的尴尬、改变气氛、缩短彼此距离，人际关系和工作都会一路顺畅。**

而且，你还能得到别人的喜爱、信赖，也因此更有自信，对自己的评价也会提升。

只需五秒，马上就能做到。只要知道一些规则，拙于谈话的人也能变得善于闲聊。

近来，教人如何不使谈话中断而持续进行的书，似乎很畅销。但是，这些书里将闲聊当成"填补空白时间的方法"的表述，也会让人觉得闲聊只是一种谈话技巧而已。

事实上，闲聊的本质并非如此。

闲聊能让你变得更好，让你将原本就拥有的魅力发挥至最大程度；它能让你**带给周围的人安心感和信赖感，进而拥有更多的机会**；它能让你将在工作与其他场合都需要的最强能力——社会性与沟通能力，变成你的个人能力。

你要不要从今天开始试着学习闲聊力？当然，如果只是为了享受轻松聊天或瞎扯乱聊的乐趣，本书也有帮助。

让我们马上开始吧！

第1章 闲聊的五个规则

01 闲聊的规则①

"没有什么实在内容"的话也有意义 /003

02 闲聊的规则②

闲聊由"打招呼+α"构成 /008

03 闲聊的规则③

闲聊不需要"结论" /012

04 闲聊的规则④

利落地让话题告一段落 /017

05 闲聊的规则⑤

只要训练,谁都能做好 /021

第2章 这样就不会尴尬了！
——闲聊的基本礼仪

- 06 称赞"你看得到的部分" / 027
- 07 "行为"比"内容"更有意义 / 030
- 08 不要说"不""但是"，要先表示肯定、同意 / 034
- 09 不善言辞就用"问题"来回应对方 / 037
- 10 什么是话题支配的最佳比例 / 041
- 11 "我们本来是在聊什么？"
  ——冒出这句话是最理想的状态 / 045
- 12 可以回应的点，就在对方的谈话中 / 050
- 13 闲聊不需要最后的笑点，也不必绝无冷场 / 054
- 14 只要有桌子和咖啡杯，就能让谈话变得容易 / 057
- 15 一问一答，等于拒绝 / 061
- 16 最佳时机是，短暂交会的三十秒 / 066

17 降低"自我意识""自尊"的障碍物

——凡事放轻松 / 071

18 日常生活中的麻烦，是绝佳的闲聊机会 / 074

19 将坏话变成笑话或者娱乐圈话题 / 079

第3章 一学就会的闲聊训练与取得话题的方法

20 找出和对方之间的一个"具体挂钩" / 087

21 和这个人，就是要聊这个：

用"偏爱地图"掌握万无一失的话题 / 089

22 最新的时事话题，要马上使用 / 093

23 日常疑问，可直接当作闲聊话题 / 096

24 最适合练习闲聊的对象：

抱着婴儿的人、遛狗的人和大妈 / 098

25 若无话可说，就利用糖果

——要拥有自己的沟通道具　/ 101

26 "谁说了什么话"，也是好用的闲聊话题　/ 106

27 出租车是收集话题和练习闲聊的最佳场所　/ 110

28 从一个话题衍生出十个话题的具体方法　/ 112

29 注意不同年代的"万无一失闲聊关键词"　/ 117

第4章　职场上可用的闲聊力

30 从闲聊中可看出面试者的柔软度与应变能力　/ 123

31 立场中立的人善于闲聊　/ 125

32 一个人在组织中的评价和人望，

还要看他有无闲聊能力　/ 128

33 让企划会议像喝酒聊天，让喝酒聊天像企划会议　/ 131

34 "边做事边闲聊"比"禁止聊天"好　/ 134

| 35 | 老板或店员很健谈的店，

　　比食物美味的店还让人想再来 ／138

| 36 | 老板的工作是闲聊和做决定 ／142

| 37 | 闲聊力可成为职场上的安全网 ／144

第 5 章　人、漫画、电视，
　　向所有闲聊达人学习闲聊技巧

| 38 | 向漫画学习说愉快的蠢话 ／151

| 39 | 向国分太一学习"记住闲聊内容"的能力

　　——即使忘记对方的长相，也不会忘记闲聊过的事 ／154

| 40 | 向大阪人学习"做反应"的闲聊术 ／158

| 41 | 向单口相声学习"引子"和"主题"

　　间的切换技巧 ／161

| 42 | 让铃木一朗挥出安打的小葛瑞菲的搔痒 ／165

第 6 章　闲聊力，让你生存得更好的能力

- 43 以闲聊来确认和他人有所联结　/ 169
- 44 找回我们"善于撒娇"的本性　/ 173
- 45 任何人其实都爱说话　/ 176
- 46 年长者其实很想听年轻人说的无聊话　/ 179
- 47 我们在不知不觉间，会受到闲聊的影响　/ 183
- 48 提高注意力，刻意插入闲聊时间　/ 186
- 49 利用闲聊解毒、释放压力　/ 189
- 50 发挥同感力，提升英语会话力
  　　——闲聊时，可用来附和对方的英语　/ 192

结语　闲聊力就是生存力

第 1 章 闲聊的五个规则

第 1 章
闲聊的五个规则

01

闲聊的规则①
"没有什么实在内容"的话也有意义

每天我们都是在一边闲聊一边生活——如果要这样说，应该也可以吧。换句话说，我们几乎是百分百地通过闲聊与他人沟通。

不过，最近不善于闲聊或者不会聊天的人变得越来越多。

作为大学教授，我有更多的机会接触十八到二十岁出头的大学生，或是刚进入社会的毕业生。和他们接触时，我常常有这样一个感觉，那就是，这些年轻人的谈话能力很不均衡。

他们和朋友能聊得很起劲，但一遇到和自己立场不同、年龄不同、背景不同的人，就开始不知所措："呃……""啊，不，那个……"，然后对话就突然中止。

"早""辛苦了"——能够有礼貌地打招呼。

"○○就麻烦你了""请给我●●"——能传达必须传达的事。

"▲▲什么时候会到？""星期一方便吗？"——能询问必须确认的事。

不过，对话也就在此结束。也就是说，"只传达事情的重点，不说多余的话"。

"只要能传达重点，不就行了吗？"——的确如此。不过，只讲重点，是无法好好地在这个世界生存的。

所谓重点，例如工作上的事、合约洽谈和交涉、联络和报告……这些都可以说是"有实质意义的谈话"。但是，在日常生活中，这些对话只占很小的比重。大部分谈话都是"没有什么实质意义的、不重要的话"，也就是闲聊。

不过，有些人，尤其是一些年轻人好像会觉得："既然是没有意义的谈话，就没必要勉强自己，不是吗？""闲聊能干吗？""浪费时间"。

第1章

闲聊的五个规则

我了解这些人的心情，不过这种想法是错的。实际上，在公司里，这样的人越来越多——虽然能和上司讨论工作，但不善于闲聊或谈私事。

"闲聊等于没什么实质内容的话"，这个说法是对的；但"闲聊等于没有必要的话"，就大错特错了。闲聊正是因为"没有内容"，所以才有做的必要。

说得极端些，谈话只分成"传达重点的谈话"和"除此之外的谈话"两种，而闲聊就属于重点以外的对话。

举例来说，谈生意时，对话是由两部分构成的——细节讨论、合约、确认等这些有实质内容的"与生意直接相关的谈话"，以及"最近怎么样？""有没有去打高尔夫球？"等与生意无关的没什么实质意义的"闲聊"。

那么，在谈生意时，没内容又与生意无关的闲聊到底有什么意义？打个比方，它好比在事先铺平路面，为之后的商务洽谈顺利进行起到铺垫作用。

在人际关系和沟通中，闲聊起到了清除交流障碍、营造沟通氛围的作用。就像建筑物里与水相关的空间，比如厕所、厨房等。正是有了这些空间，我们的日常生活才能顺畅地进行。再说得更简单些，日本年轻人和搞笑艺人常说的"要读懂当下的氛围"，而能够营造氛围的就是闲聊。为了让在同一个场合中的人们共享同一种氛围，就需要通过闲聊来制造。

以房子来比喻人际关系，能说出有重点、有意义的话的能力，或者说作为日本人能确实说好日语的能力等，是地基、基础工程；在这之上，则是身为人、作为社会人所须具备的人格，也就是骨架；然后，再加上累积各种社会经验所学会的礼仪、和他人相处的能力、沟通能力等，才能实实在在地搭建出一座房子。

而在这个房子里，与"闲聊""闲聊力"相对应的，就是和水相关的地方。和水相关的地方，虽然不会显现在房子外观，却不可或缺。房子里有水的地方如果出现堵塞，就会让人觉得痛苦，住起来很不舒服。

闲聊也是如此。它是让人际关系变得和谐、让交流得以顺畅进行的不可或缺的沟通元素。

第 1 章
闲聊的五个规则

图 1

谈话的两个类型

重点确认

闲聊是，在"没什么实质内容"的话里有其意义。

02

闲聊的规则②
闲聊由"打招呼 + α"构成

遇到人时打招呼,这是最低限度的礼貌。

无论是朋友、认识的人、有工作往来的人、路过的面熟的人或第一次见面的人……虽然对象不同,但早上遇到我们会说"早安",中午遇到会说"午安",如果是第一次见面就会说"初次见面,请多关照"等。就算是不善与人交谈的人,至少也会打声招呼。对于社会人来说,打招呼应该是理所当然的。

打招呼是进行闲聊的绝佳时机。不过要注意的是,它就只是"时机"而已,也就是说,打招呼并不等于闲聊。

平常形式化的打招呼是否能扩展成"闲聊",打招呼之后才是重点。

第 1 章
闲聊的五个规则

"早啊。"

"早晚变冷了呢。"

"生意怎么样？"

"唉，不太好啊。"

"赚钱了吗？"

"马马虎虎啦。"

这些都还只是打招呼的阶段，要发展成闲聊，还需要"再多一个话题"，也就是"+ α"。

例如，早上出门上班时，与住在附近的人擦肩而过，一开始，当然是互道早安。之后，就是重点了。在打招呼后再加一句话，再来一点话题吧，什么都好，谈当时正好看到的东西也无妨。例如以下这样的对话。

"咦，这家店在改装啊。"

就像这样，多加一句话，然后对方就会这样回应：

"啊，下星期好像有家新的酒吧开张。"

"又是给年轻人去的连锁店吧？"

"不知道，如果是能安静喝酒的店就好了。"

"开张后，得去一次看看。"

"那么,到时候一起去吧。"

"不错,好主意。"

光是这样几句对话,单纯的打招呼就变成了"闲聊"。

在打招呼后进行的"+α",是很短暂的互动,以时间来说,大概五到十秒钟。但是,只要这短短五秒的"+α"有打招呼以外的对话,双方对彼此的感觉就会有很大的不同,会觉得消除了彼此间的隔阂,也会觉得"这个人感觉还不错"。

平常只是形式上打招呼的人,和有过这种短短几句闲聊的人,两者在双方心里对彼此关系的认定也会不同。这就是所谓的人情。有过几句闲聊,对方的定位就会比"只见过面的人"还要更上一层,也会因此产生安心感、信赖感。

因为你多说一句,对方也就多回一句,打招呼后这种微不足道的互动就是闲聊,它在沟通上有很重要的意义。

"打招呼+α",这是最简单、谁都能轻易开始的闲聊基本形式。

第 1 章
闲聊的五个规则

图 2

打招呼不等于闲聊

重点确认

打招呼是否会扩展成闲聊，
与打招呼之后的"+α"有关。

03

闲聊的规则③
闲聊不需要"结论"

一般来说,女性似乎比男性擅长闲聊。

我偶尔会在工作的空当去餐厅吃午餐。午餐时间,餐厅里有上班族女性、结伴的年轻主妇,以及年长的女性团体……真的全都是女性。

虽说上班族女性在午休结束后会回去上班,但其他的女性可不会如此简单作罢。不知道她们是来吃午餐,还是来聊天的,就那么一直情绪高昂地闲聊。

她们在聊些什么呢?——我竖起耳朵一听(虽然我也是闲得无聊),结果发现她们所聊的内容,总而言之就是"不会累积的话"。

第1章

闲聊的五个规则

而且,话题没有统整性和一贯性,是非常发散的对话,七嘴八舌的,很少会有正式的主题。

通过多次聆听餐厅女性的闲聊后,我发现了一件事。那就是,会突然总结对话,也就是确切说出"最后结论"的人,非常少。总之,她们的话题没有结论,也不会加以总结。相反,男性有这样的强烈倾向——即使是闲聊,谈到某个程度、某个阶段,不知为何就会想来个结论,可能是提出一般论点,也可能整理该问题的重点:"总之,就是这样。"

这样一来,正在聊的话题就会结束,因为已经得出结论了。就算发表与结论不同的看法,也不再是闲聊,而是变成讨论了。

例如,有人说:"〇〇虽然经常迟到,但他的借口还真厉害",如果接下来有人这样回答:"不过,迟到是不对的,这是不守规则",那这个话题就差不多结束了,而对方大概只能说:"嗯,没错,你说得对",因为确实没有更好的结论。

因此，这时候别说出老套的结论。你应该说：

"咦？他说了什么借口？"

"像是'提着行李的老婆婆问我怎么去医院，我就陪她一起去了。'"

"真的很厉害，很难让人生气啊。对了，说到生气，之前○○……"

就像这样，很放松地回应，就能让谈话顺利地进行下去。

说话时，要在这种像是在话题周围绕来绕去的放松感中进行。如果你跟对方说"那又怎样？"对自己一点好处也没有。而从好的方面来看，这种放松感就是指具备柔软性，这也正是闲聊的特征。

闲聊就只是闲聊，不是讨论。结果的对错，在这个时候并不重要，谁都不是在追求结论。

这个"谁都不是在追求结论"才是重点。

所以，请不要勉强统整话题，不要做出抽象的、一般观点的结论，不要做出总结，要让话题可以不停地往各个

第 1 章
闲聊的五个规则

方向延伸。

在达到结论之前,愉快(有时候让人眼花缭乱)地改变话题。这就是让闲聊能够持续、延伸的秘诀。

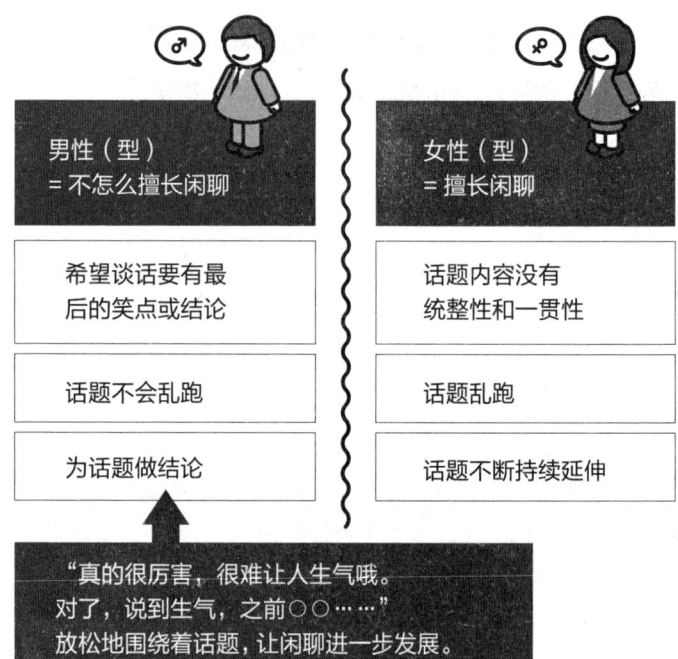

图3

闲聊时,不必勉强总结话题

男性(型)
= 不怎么擅长闲聊

- 希望谈话要有最后的笑点或结论
- 话题不会乱跑
- 为话题做结论

女性(型)
= 擅长闲聊

- 话题内容没有统整性和一贯性
- 话题乱跑
- 话题不断持续延伸

"真的很厉害,很难让人生气哦。对了,说到生气,之前○○……"
放松地围绕着话题,让闲聊进一步发展。

重点确认

闲聊就只是闲聊,
不是讨论,没有结论就很好!

04

闲聊的规则④
利落地让话题告一段落

闲聊的妙处，在于不做结论、愉快地改变话题。不过，从另一方面来说，也有很多人因为无法巧妙让话题告一段落、不善于画下句点而受到困扰，对闲聊感到没有办法。

他们不但不擅长闲聊，而且就算想结束，也一直结束不了。这样一来，虽然的确不会因为没话讲而窘迫，却让自己和对方都感到困扰。

所以，反过来说，"让话题告一段落"，也是闲聊要掌握的重点之一。因为工作的原因，我经常会遇到许多大学生，如果是几个人、几十个人就算了，但我的学生可是好几百人，因此很难记住所有学生的脸。

图 4

闲聊的一大重点是"让话题告一段落"

那先这样咯！
下次再聊！
不好意思，我先走了！

重点是，离开时彼此都觉得很愉快！

重点确认

虽然不需要做结论，
但要利落地结束！

第1章
闲聊的五个规则

但是，在他们之中，有几个上完课后会来找我闲聊的学生。其中一人，姑且称他为A君好了，他常常这样和我闲聊：

"老师，下次请带我去喝酒哦。"

"最近有什么推荐的书和电影吗？"

不过，A君只在我走去其他教室、准备上下一堂课时来找我。这时间差不多只有一分钟。我们就在我从这间教室往下一间教室移动时，边走边聊。

对我来说，这时间就只是个小空当，所以他来找我闲聊，我也不介意，而且还能稍微转换心情。因此我表现出来的样子，也是乐于成为他闲聊对象的态度。

所以，对我而言，和他闲聊感觉很好。

而且，他在闲聊上的优点，是能很简洁利落地结束、离开。无论话题进行到什么程度，即使闲聊的话才讲到一半，只要我到了下一间教室，他就会说：

"谢谢老师，下一堂课请加油。"

"那么，下次见了，谢谢老师！"

讲完后就离开，实在是很爽快。

因为知道何时结束,所以能轻松聊天。"那先这样啰""下次再聊",也是让闲聊变得愉快的终止句。虽然不需要结论,但希望简洁结束,这是"优质闲聊"的条件。

05

闲聊的规则⑤
只要训练，谁都能做好

我觉得，现在这个时代，太需要高超的沟通能力了。但是，比想象中还要多的人，连日常生活中自然的闲聊都觉得很困难。

但是，让我再说一遍，闲聊力并不是"流畅说话的技术"。更进一步说，闲聊并不是谈话术，也不是说话技巧。

机智地提供丰富的话题，机灵巧妙地谈话，最后在恰当的时间让大家发笑，这种形式上的谈话之美，闲聊中并不需要（当然，如果能做到这一点，也不是坏事）。

闲聊，是利用谈话营造气氛的技术。所以，说一个人善于闲聊，比起称赞他的话术技巧，不如说他是一个"可以轻松聊天的人""愿意倾诉的对象"。

简而言之，闲聊与其说是谈话，不如说是"人际交往"。正因为它比较像是人际交往，所以可以表现出说话者的本性和特质。

因此，重要的是，用语言表达出自己的本性和特质，与对方有良好互动。这样一来，就能化解沉默、无聊和不自在的窘困，也能营造出与其他人轻易变得熟稔的气氛。

有的人，口才说不上流畅，讲话磕磕巴巴，和他闲聊时却觉得很有意思；有的人不善言辞、话也不多，但和他闲聊会觉得气氛很愉快；还有的人，几乎不怎么说话，只是附和而已，就能让闲聊的气氛变得很热烈。

善于闲聊，不等于很会说话。

"不善言辞、口拙是天生的，所以要培养闲聊力没那么简单"，这样的想法有很大的错误。闲聊力并不是与生俱来的能力。

话题没什么内容没关系，在每天的打招呼之余，再多加一句话就可以了。

没有结论没关系，没办法长时间谈话没关系，不说话

第1章

闲聊的五个规则

更好——只要注意本章说明的这些基本观点,掌握本书后面介绍的一些诀窍和要点,任何人都能提高自己的闲聊力。

闲聊力是提升人的社会性的技能,而且还是一种一进入社会就派得上用场的技能。

英语鉴定、技能鉴定……虽然社会上有各种资格鉴定,但我觉得应该要有一个"闲聊力鉴定"。闲聊的能力在求职中,也是一件非常强大的武器。

可惜的是,我们多数人都没有练习过闲聊。在学校或家庭,也几乎没有这样的机会。

不过,现在开始也为时不晚,不善言辞也没关系。闲聊力是,只要注意重点、多加练习,谁都能学会的能力。从现在开始,让我们一起来学习并掌握这个必不可少、在任何场合都能助你一臂之力的最强技能吧。

图5

闲聊不是话术，也不是说话技巧

- 只回应对方的话也可以
- 不需要结论
- 谈话时间不长没关系
- 不需要制造笑点
- 不善言辞、对说话没辙的人也没问题！

重点确认

闲聊力是能在任何场合都能助你一臂之力的最强技能！

第 2 章

这样就不会尴尬了！——闲聊的基本礼仪

第 2 章
这样就不会尴尬了！
——闲聊的基本礼仪

06

称赞"你看得到的部分"

和别人聊天的时候，突然间要开口，应该说什么好呢？

如果不知道该说什么，就先"称赞"对方吧。无论多小的事都没关系，称赞是闲聊的基本内容。不是要你一本正经地称赞，而是"称赞一些不是重点的事""没什么理由地称赞"。

这样做的原因很简单。闲聊是为了让气氛更热络、拉近双方距离，如果要进一步接近对方，称赞是一条捷径。被称赞的人没有不开心的。而且，只要赞美的内容不太夸张离谱，被称赞的人都会觉得"这个人应该认为我不错吧"。

因为工作关系，我也会参加一些电视台节目的录制，所以有比较多的机会可以与艺人朋友聊天。可能是职业习惯吧，口才好的艺人很多。其中包括TOKIO（东京小子乐团）

的国分太一。

他担任谈话节目或综艺节目主持人的表现,受到广泛的好评,同时他私底下也很擅长闲聊。更进一步说,国分太一是一个擅长赞美他人的人。

如果在节目录制前遇到他,他总是先开口:"老师,你这条领带真是好看啊。""这件衬衫太帅了!"然后,我就会心情很好,进而放松地回应他:"啊,这样吗?我今天试了比平常更明亮的颜色。"就靠着这不到十秒的互动,让彼此产生了好感,从而毫不费力地建立起良好人际关系的基础。

对于不太熟悉的人,要怎样赞美呢?对此感到困扰的人,应该知道该怎么做了吧。

面对眼前的说话对象,你可以称赞"你看得到的部分"。像是今天戴的领带、穿的衬衫……国分太一就是会先注意对方,并加以称赞。

而像"斋藤老师在大学执教,真是了不起呢",这样的话就不是闲聊了。这在闲聊中,也不是"称赞"。

如果有人这样说我,因为不知道对方是在拍马屁、讽刺,

第 2 章

这样就不会尴尬了！
——闲聊的基本礼仪

还是真心的赞美，我也不知道该怎么回应。而国分太一的称赞，真的就让人觉得，他是"要让气氛变得和缓""要和对方心意相通"。正因为如此，我也会知道如何回应。

07

"行为"比"内容"更有意义

称赞式的闲聊,就是要传达出这样的信息:"我是对你有好感而接受你的哦。"

"你今天这条领带真是很时髦呢。"这样一句话,是借着称赞领带,表现出对对方的好感。

因此,这种时候,领带的品味如何就无所谓了,就算是品味庸俗的图案也没关系。这是闲聊中非常重要的一点。

闲聊所要达到的目的,不是通过称赞的内容,而是通过称赞这个行为。如果搞错这一点,就会像刚才提到的例子一样,变成让对方难以回应的"奉承""拍马屁",反而让闲聊变得不自然。

每个人的价值观都不尽相同,有多少人,就有多少种价值观。

第 2 章

这样就不会尴尬了！
——闲聊的基本礼仪

闲聊并不是要表达价值观，迫使对方认同、加以讨论，而是为了让对方接受自己的行为。因此，说得极端点，"什么都可以，总之称赞就对了"。

不过，我们在谈话时，很容易以单一价值观为基础，无法不经意地、坦然地称赞别人，或者对于称赞他人这一行为感到紧张。他们总觉得："虽然想称赞，但终究不想说谎……"

其实，谈话双方都不打算针对领带长篇大论。如果觉得对方的领带"有点那个，不知道该怎么说……"，那么，像下面这些说法，就是很不错的称赞。

"好少见的花样啊！"

"好特别、好有趣的图案。"

"很新潮啊！"

"真新鲜！"

"很有你的风格呢。"

"这款式现在很流行呢。"

总之，什么都好，重点是要说出正面的感想。只要能由这样一句话，让对方回应"其实……"就可以了。

假设，对方系的是狸猫图案的领带，这时如果说"真罕见！是狸猫的图案吗？真吸引人"，听起来就不像是明显的奉承。

"事实上，因为我的长相很像狸猫，所以朋友故意开玩笑地送了这条领带给我。"如果能引导出像这样的回话，恭喜你，闲聊顺利达成。

第 2 章

这样就不会尴尬了!
——闲聊的基本礼仪

图6

什么都好,称赞对方吧!

例:看到对方的领带

> 好少见的花样啊!
> 好特别、好有趣的图案!
> 很新潮哦!
> 真新鲜!
> 很有你的风格呢!
> 这款式现在很流行呢!

领带的花样如何,与对方的品味如何无关。

重点
确认

"称赞"是要表达出"接受"对方的信息。

08

不要说"不""但是",要先表示肯定、同意

假设,谈话的对象这样说:"最近,我去看了热门电影○○,没想到很有趣呢。"

正好你也看过这部电影,但是却觉得很无聊。

好,这里是重点。如果你只在意自己的喜好,像这样回答:

"○○吗?那部电影很无聊,要我来说的话,就是部烂片。"

"是吗?我没办法接受电影里要表达的那种观点。"

那么,这段谈话也就差不多结束了。

不过,如果你这样回应:

"剧情是没什么起伏,不过主演▲▲倒是演得很有味道呢。"

第 2 章

这样就不会尴尬了！
——闲聊的基本礼仪

"先不管演技如何，画面实在很棒。"

那么，话题就可能这样继续展开：

"对、对，我觉得演父亲的◆◆很棒。"

"◆◆的确是不错，但◎◎也很出色。"

"那种画面的冲击力，果然还是要通过大银幕才能感受到呢。"

这里的重点是，闲聊时"不要一开始就否定对方""不要先从反对意见说起"。如果明明在聊喜欢的事，却一开始就被说"不""不是那样""我不觉得"，结果原本想营造气氛，反而是在破坏聊天。

将对方的话转向正面方向，他也会心情愉快地想再多聊些相关话题。

因此，即使是没兴趣或讨厌的话题，也要把"肯定回应""先表示同意"作为大前提。这与前面提到的"称赞"有共通之处。

本来，刚好有机会闲聊的人，就不太可能和自己有完全相同的兴趣喜好。闲聊时，发现彼此兴趣不同、喜好不一样，也很正常。

因此，就先把自己的好恶放一边吧。努力寻找任何事物中都有的优点，这是增加闲聊话题、打造良好人际关系的重要技巧之一。

第2章

这样就不会尴尬了！
——闲聊的基本礼仪

09

不善言辞就用"问题"来回应对方

因为口才不好，所以对闲聊很是头疼。但正是这种人，很有可能变得善于闲聊。换种说法，这种人在闲聊中能"以对方为主"。

闲聊时，与其由自己主导谈话，不如让对方握有主导权，这样谈话气氛会更热烈。

所谓"让对方握有谈话主导权"，指的是由对方开启话题，而非自己。你根本不需要很会说话。重要的是，对方所说的话，你能以"问题"的形式回应。这样，就算是不善于倾听、回应的人，也能立即实践。

不，应该说，只要能这样做，就能变成这样的人。如果你觉得我在骗你，请一定要尝试一次看看。

例如，聊到狗的话题。

图7

所谓闲聊，就是不断以提问的方式回应对方的话

第 2 章

这样就不会尴尬了！
——闲聊的基本礼仪

"我家养了一条狗哦！"

如果对方说了这样的话，要怎么回应？

"我家最近也开始养狗了。"——不要给出这种谈"自己事情"的回应。

"你家的狗是什么品种？"——应该是像这样，可以引出"对方的回答"、立场上以对方为主的回应。不多谈自己的事，而是不断以提问的方式回应。如此一来，确实就能聊得很起劲。

针对对方的话，丢出"问题"这个饵，然后加以回应。等对方吞了这个饵后，再提出下一个问题。虽然不是以自己为主的谈话，但会是很精彩的闲聊。这和话题丰富、爱说话、口才好等都没有关系。

只要提到自己喜欢的事物，每个人都会很想针对这个话题多说一些话。这样一来，即使有不同喜好的回应，闲聊还是会瞬间火热起来。无论自己多想说出精彩的话，也必须限于对方会感兴趣的事。如果他不感兴趣，谈话很可能就这样结束。

所以，话题绝对不能离开对方感兴趣的事物。

等到对方把想说的事大致说完,如果他反过来问:"那你呢?"这时你就可以说:"我家最近也开始养狗了。"

是的,不善言辞的人,其实很有闲聊的潜力!

第 2 章

这样就不会尴尬了!
——闲聊的基本礼仪

10

什么是话题支配的最佳比例

闲聊时,以对方为主的立场很重要。如果只讲自己的事,对方就不会跟上话题。但是,不管怎样,话题百分之百都绕着对方,也会让人不太舒服,对方也会觉得不安,"这个人在听我讲话吗?"

所以,在闲聊的时候,话题以对方为主和以自己为主的比率,也就是话题支配率,就变得很重要。

看足球电视转播时,会听到"控球率"这个词,屏幕上也会显示:"控球率:AC 米兰 60%,巴塞罗那 40%。"

虽然这是足球比赛中用来表示球队持球进攻的数值,但这个概念也可以用在闲聊上。

就姑且先称其为"话题支配率"吧。闲聊时,要注意以对方为主的话题（对方的事）和以自己为主的话题（自己的事）的比率。重要的是，随机应变，随时根据情况调整。不过，和足球比赛不同的是，并不一定是控球（话题支配）率越高，比赛（闲聊）就越对自己有利（气氛热烈）。

理想的话题支配率，是双方均等、不特别偏向哪一边的50∶50，但这并不适用于所有情况。好的做法是，根据闲聊对象和当下情况，调整话题支配率。

例如，与顾客或客户等和工作有关的人闲聊，虽然不是谈公事，但也有人希望在短暂闲聊中，能听到什么对生意有利的信息。

在这种情况下，可以稍微提高谈自己事情的比率，甚至可以由自己提出话题来引导闲聊。比率上，大约是6∶4或者7∶3吧。这样，虽然对方的事谈得不多，但也算是十分有意义的闲聊。

相反，如果对方很喜欢说话，就要让他的话题支配率提高。比方说8∶2；对方是8，自己则是2。

对喜欢说话的人而言，当话题从自己的事转移到其他事情上，多数情况下，他们就会立刻失去兴趣。如果觉得

第 2 章

这样就不会尴尬了！
——闲聊的基本礼仪

图 8

闲聊不是射门，
而是来回传球

配合状况，和对方来回传球，让对方支配话题很重要。

理想的"话题（控球）支配率"为对手 8，自己 2。

 8　　2

对方　　　　　　　　　　　　　　　　　　自己

禁止射门
（为话题做结论）
或像守门员一样抱住球
（总结话题）

 重点确认

彻底做个倾听者，
闲聊就很容易顺利进行。

043

对方很幼稚，那就什么都不用谈了。遇到这样的闲聊对象，我们还是一开始就放弃讲自己的事，彻底做个倾听者，让对方来带动闲聊吧。

因此，闲聊时，不仅要掌控话题，也要根据情况适时交出主导权，让对方掌控话题，这也是很重要的。

就像前面所提到的，闲聊不需要做结论。一旦有了结论，谈话就此结束。好不容易聊得热火朝天，闲聊也会瞬间中止。所以，闲聊追求的不是"结论"这道球门，射门是不行的，重要的是要来回传球。

不过，前面也提过，男性会在闲聊时特别想射门："那么，结论到底是什么？"这样一来，等于是强制结束比赛，话题也不会有更多的开展；至于变成守门员，想要统整话题，当然也是不行的。

"话题支配率百分之百""不让对方碰到球，自己一直持球"，都不能算是闲聊，而是演讲或脱口秀了。

闲聊就是互相掌控话题，来回传球，让球赛得以进行。

第2章
这样就不会尴尬了！
——闲聊的基本礼仪

11

"我们本来是在聊什么？"
——冒出这句话是最理想的状态

"哎？我们本来是在聊什么？"

如果闲聊中冒出这句话，就证明这段闲聊进行得很顺利。

气氛很热烈的闲聊，不会只有一个话题就结束，而是一个接一个地衍生出其他话题。

不过，重点并不是重新设定话题，开始聊另一件几乎与前面的话题无关的事，而是前后话题间某个地方有所关连，如同锁链般互相联结。

因此，改变话题时，不会这样说："虽然是完全无关的事……"，而是巧妙地抓住之前话题中提到的字句或者相关的事，加以生发、展开话题："说到〇〇，之前……"

这个时候,重要的是联想力,也就是从对方的话联想到下一个话题,使对方的话联结到其他话题,引导出另一段闲聊的能力。

谈得很起劲的闲聊,都有连续好几重这样的联想。从一个话题、关键字开始联想,发展出三四个话题;然后,又从这些话题再联想到更多的事情。

这样,话题就会像蜘蛛网般挂满四周,呈倍数增长般地展开。例如下面的对话:

"乐天金鹰队变强了啊,队伍刚成立时那么弱的样子,现在看来好像装的一样。"

"果然是靠野村克也(日本知名棒球教练)教练的能力呢。"

"对啊。说到野村教练,不知道最近他的夫人野村沙知代怎么样了呢?"

"野村沙知代、浅香光代(著名女演员)、和泉元弥(日本男演员)的母亲、细木数子(日本人气很高的占卜大师)……这些很有气势的老太太席卷各大综艺节目,已经是前一阵子的事了呢。"

第2章

这样就不会尴尬了!
——闲聊的基本礼仪

"说起来,还有一个被称作'轻语女老板'的汤木佐知子呢。"

"我记得,我记得。明明是老太太,怎么会那么有活力呢?之前我在工作上……"

话题从一开始的棒球,延伸到充满活力的老太太。然后稍一留神,就会出现这句话:"哎?我们本来是在讲什么?"

不过,很可惜的是,现实中,我们很少有机会练习如何从对方的话联想到下一个话题。

我在大学课堂上偶尔会进行"联想游戏",以许多词汇为题,让学生试着联想。就算觉得为难也要让他们这样做,从联想中展开闲聊。

比如,某天上课的主题是作家太宰治。

"说到太宰治,你们会想到什么?"我会这样问学生。

然后,如果有人回答:"嗯,那自然就是他的作品《人间失格》了。"我就再以《人间失格》为题,让学生以各自联想到的话题展开闲聊。于是,虽然一开始话题是围绕着《人间失格》这部作品而展开,但之后就延伸出各种不同的新话题。

"说起来,《人间失格》这个书名本身,就十分惊人呢。"

"那么,这部作品是在说作为人的及格线在哪里啰。"

"最近看新闻时,不觉得新闻上都是些人间失格的家伙吗?"

"我们身边也有这样的人哦,连打招呼都不会,让人想说:'你配做人吗?'"

"有什么能判定一个人及格或不及格吗?"

"法官的工作性质不是很接近吗?"

"对哦,而且因为陪审团制度,我们也很可能去参与判决。"

就这样不断地延伸话题,很快一个小时就过去了。一开始的"太宰治"话题已经被搁到一旁,《人间失格》这本小说也渐渐没人提起。不过,这在闲聊时是没关系的。不,应该说,这样比较好。如果是针对太宰治和《人间失格》本身深入探讨,那是讨论,与闲聊的性质有点不同。

讨论是就一个话题深入探究或进行相关累积。例如,同样是太宰治的话题,谈的是他的作品风格与他这个人的

第2章

这样就不会尴尬了！
——闲聊的基本礼仪

本质等，也就是说，话题呈垂直方向发展。

相反，闲聊时，话题是呈水平方向扩散的。联想会带来联想，以某个联想诱发的话题，会逐渐偏离最初的主题。能忘记最初的话题，也就证明了话题被成功地进行了扩展和延伸。

从别人的话中产生联想、转移话题，如果具备这个技巧，当闲聊陷入窘境时，也能巧秒地切换至其他话题。

如果以足球比喻，就是"寻找空间"、找出能让闲聊（球）容易进行的话题（空间），让话题在这个空间里能充分移动（运球）。

联想，并转变话题。这可以说是掌控闲聊不可欠缺的技巧。

12

可以回应的点，就在对方的谈话中

我在大学课堂上做过这样的实验："请在一分钟内，试着和你邻座的人热烈交谈。主题可自由选择。总之，说什么都行，只要让谈话热烈就可以。"

结果我发现，同是男生或同是女生的组合，聊得比较起劲。这应该是因为，他们很容易找到共同的话题吧。有问题的是一男一女的组合，因为他们很难找到共同话题。例如，喜欢棒球的男生，一直跟对棒球不怎么感兴趣的女生说着相关话题：

"我从小学起就一直在打棒球，我喜欢○○队的▲▲……"

"今年申明成为自由球员的▲▲，虽然防守不错，但是击球马马虎虎。"

第2章

这样就不会尴尬了！
——闲聊的基本礼仪

"他这样在美国大联盟没问题吗？应该很困难吧……"

可是，对棒球一点兴趣都没有的女生，无论听到什么，也就只能一脸问号了。

一般来说女性比男性善于闲聊，所以在刚才的情况下，女生也许能配合对方的话题聊下去。不过，相反，男性对女性感兴趣的话题，如购物、名牌、甜点等，不只是难以跟上话题，估计连让话题展开都做不到吧。

简而言之，如果只是一味地聊自己喜欢的事物，那是构不成话题的，也就无法继续闲聊。

因此，切记，闲聊的秘诀是以对方为主。不是从自己感兴趣的事入手，而是从对方关心的事里找出话题，否则闲聊就很难成立。

闲聊并不会有事前商量，而是与刚好同在一个场合的人，在当下的气氛中进行。依据谈话对象的不同，会聊到什么话题也不可预知。即使无法跟上所有的话题，只要尽可能从对方的话题中找出能加以生发、扩散的点，就可以了。

那么，应该怎么做呢？这绝对不是难事。如果你不熟悉对方提起的话题，就先彻底当个听众。然后，在对方的话题中随便找一个点切入，顺着话题，试着回应。

例如，如果女生说："我常去百元商店买睫毛……"

男生不要只是一脸问号地保持沉默，可以这样回应："买睫毛？"

"就是假睫毛啦。"

什么都可以，听对方说话时突然想到什么，直接回应就可以。

如果你的回应能够激起对方想说话的兴趣，你们就能聊得更多更广。不必紧张，对手会将闲聊的球传给你。你只要用自己的方式接球，然后再传给对方就行了。

第 2 章

这样就不会尴尬了！
——闲聊的基本礼仪

图9

顺着对方的话题回应

我常去百元商店买睫毛……

完全无法跟上这话题……

买睫毛？！

睫毛可以买吗？

什么都可以，听对方说话时突然想到什么，直接回应就可以。

重点确认　就算是不擅长的话题，也可以用这种回应的方式展开。

13

闲聊不需要最后的笑点，也不必绝无冷场

在日本，搞笑艺人组合"DOWNTOWN"中的松本人志主持的节目《人志松本的绝不冷场的谈话秀》，很受欢迎。此外，在日本一打开电视，就会看到搞笑艺人参加的谈话节目。很多人都受到这些节目的影响，尤其是年轻人，就连和朋友谈话，都会有压力：

"说话时，一定要说点有趣的事才行。"

"得做个好笑的结尾才行。"

这是很大的误解。这种事，根本不需要担心。

像《人志松本的绝不冷场的谈话秀》这样的节目，搞笑艺人是把所说的逸事当成表演题材。也就是说，那是专家中的专家琢磨过后的"表演"。这是他们的工作。所以，他们说的话最后会有笑点，绝不冷场。但对于并非搞笑艺

第2章

这样就不会尴尬了！
——闲聊的基本礼仪

人的我们来说，要突然在每天的日常会话里，来个漂亮的最后笑点，而且说话时完全不冷场，做不到是很正常的事情。

我在前面提到过，闲聊不需要结论。这里所说的"最后的笑点"，则是叙述的事情中令人发笑的结论。闲聊中，最后的笑点也是不必要的。

"结果，到底是怎么样？""那么，笑点是？"这种话，是让人感觉没意思的禁止使用句。说完话时，自然地收尾就可以。"啊，因为时间的关系，我得走了，下次再聊。"这样说就行了。也就是说，闲聊的优点，就是不需要有"最后的笑点"，不必做"结论"，不必"漂亮地总结话题"。

闲聊本来就是当别人问你"然后呢？"你只需回答"就是这样"的事。也许应该这样讲："倒不如说，没有最后的笑点，才是闲聊。"

要说出像《人志松本的绝不冷场的谈话秀》中那样让人捧腹大笑的话，需要高超的说话技巧——要知道如何将准备好的桥段在众人面前有趣、滑稽地说出来，如何高明、顺畅地表达，让别人听下去。这是在众人面前演说的技巧，属于脱口秀的范畴。

  闲聊，不是说话技巧，而是沟通。没有闲聊这个沟通的基础，也就无法掌握高超的说话技巧。所以，与其加强"谈话技巧"和"说话术"，不如先学会闲聊力。

第2章

这样就不会尴尬了！
——闲聊的基本礼仪

14

只要有桌子和咖啡杯，就能让谈话变得容易

只要有杯咖啡，就可以聊好几个小时；本来只想喝杯茶就走，最后却忘了时间、聊得忘我——无论过去或现在，咖啡馆都是闲聊的圣地。话说回来，为什么在咖啡馆里聊天特别起劲？在回答之前，我先说件事。

我在大学课堂上，会进行一种"压力面试游戏"。进行的方式是：选出大约五个学生扮演面试官，面试其他学生，也就是所谓的模拟面试。

面试者单个接受询问。五位面试官坐在椅子上，接受面试的人则站着回答。虽然问题一个紧接着一个提出，但思考或沉默都不行。总之，一定要立刻回答。

"我参加的社团是橄榄球社。"

"为什么不参加棒球社或足球社？"

"我的兴趣是阅读和观看运动比赛。"

"真老套，没有其他兴趣吗？"

"我现在正在学德语。"

"今后重要的是中文，为什么想学德语？"

面试官以接连不断的问题紧追不舍，让人很有压迫感。

包括口才一流、自认擅长面试的人，都觉得很困难。

这种紧张感可不是一般的强烈，答不出话的学生显得很可怜，进退两难："唉，那个……""不，这个……"

接着，再试一次，但这次在面试者前面摆了张桌子，让他们坐着接受面试。结果，比起站着，他们更能顺利回答问题。

如果在桌子上摆杯咖啡，他们似乎就能更放松地回答。

也就是说，光是有物品的存在，就能让紧张的情绪减轻不少。

在这个"压力面试"中，面试者在接受面试前，光是一个人站在一排面试官前，就已经感到非常紧张，只能站、不能坐，双手不知道放在哪里。在这种状态下，一般都很难像平常一样说话。

第 2 章

这样就不会尴尬了！
——闲聊的基本礼仪

但是，只要面前有张桌子，就会让人比较放松。因为桌子有防御的作用，能够对抗来自面试官的压迫感和压力。

如果桌子上再有杯饮料，而且面试者与面试官的面前摆着相同的饮料，就会让气氛更轻松，回答时则更从容。

在面对面的双方之间，有桌子和饮料当作缓冲，这样的摆设方式和咖啡馆是一样的道理。咖啡馆即使聚集了很多人，但因为包含了能让人放松的元素，所以是很理想的闲聊空间。

此外，另一个重点是，咖啡馆也可以说是"程度适当的公共空间"。

咖啡馆虽然是聚集许多人的公共空间，但它的环境又能让人拥有隐私感。如果在只有两人的空间中独处，可能会让人感到紧张，但在能看见其他客人、周围又有点嘈杂的环境中，却让人觉得能够更自在地说话。

咖啡馆本来是提供谈话的空间，但由于我们常说"要不要去喝杯咖啡？"而让谈话变得好像是附带的事情。

去咖啡馆，可以把"为了喝咖啡而去"当作正当理由，至于谈话、闲聊则是额外目的，所以会让人有种"就算谈话内容很无聊也没关系"的安心感,因为可以用"无妨,反正我是来喝东西的"这样的理由安慰自己。同样,酒吧也是类似的空间。

有"原本目的是谈话以外的事情"这个正当理由,以及谈话空间里还有桌子、咖啡杯、酒瓶、杯子等,这些都能消除谈话时的紧张感。

第 2 章
这样就不会尴尬了!
——闲聊的基本礼仪

15

一问一答,等于拒绝

和年长者讲话,通常会让人觉得很窘迫、麻烦。和上司讲话也一样,除了工作上的报告和联络外,希望尽量避免说其他事,这样想的年轻人越来越多。

我虽然了解这些人的心情,但这样做真是太可惜了。而且,对这种情况感到困扰的,其实是原本让人窘迫的上司和年长者。比如说,和下属一起出门谈生意,一路上连续好几个小时都处于沉默状态,上司也会觉得很疲倦。所以,最近反倒是上司有意找机会和下属搭话的情况比较多。以下,是几个这种情形下常见的对话例子。

"你经常做什么运动吗?"
"没有。"

"你酒量很好吗？"

"一般。"

"工作已经习惯了吗？"

"还好。"

只针对问题回答，这种一问一答的方式让人非常困扰。就像青春期的孩子一样，当父母问"学校怎么样？"时，只会回答"普通""还好"，之后就什么反应也没有，话题当然也就这样结束。

在这种情况下，就算抛出多少话题，谈话内容也无法拓展开来。

假设上司问你："最近放假时，你都在做什么？"或许你会有种自己的私人领域被闯入的不快感。或许，你会冷淡地认为没必要说工作以外的事，不过，事实上，上司对你休假是怎么度过的并没有兴趣，多数时候，他只是想找话说，消除彼此间的隔阂，愉快地闲聊而已。

放轻松地配合吧，不必想太多，别让自我泛滥。

如果上司问你："最近除了工作外，有什么热衷的事吗？"你要是只回答"电影"，很好，对话又这样结束了。

第2章

这样就不会尴尬了！
—— 闲聊的基本礼仪

但是，如果你接着说："我之前看的〇〇很不错，虽然原本不怎么期待，但从好的角度来说，它算是超出了我的期待呢。"只要在回答时多加一句话，这个互动就会变成一段小闲聊。

这时，最初提问的上司就会再问："主演的人是谁？"或者说："我不知道这部电影啊，有机会我也看一下好了。"然后，你又可以对他的回答进行回应。这样一来，你们的谈话就会让彼此觉得很愉快。

在过去，人们曾视"对对方感兴趣"为礼仪。那时，对对方感兴趣，了解他的喜好，然后以此为话题，作为沟通的基本原则，这是理所当然的。相较之下，现在的人越来越觉得，对别人感兴趣是很麻烦的事。但是，别人是从闲聊几句的印象中去判断，你是不是一个有沟通能力的人。

所以，反过来说，特别是年轻人，有没有能力与人自然地互动，就会令他人对你的印象产生很大的差别。而这里面就包含着机会。

闲聊就是传球，这点已经没有必要再强调。当别人问你："你的兴趣是什么？"你如果只回答："没什么特别兴趣。"

第 2 章

这样就不会尴尬了！
——闲聊的基本礼仪

这就像是别人丢球给你，而你只是单纯地接下来而已。只回应对方抛出的话题，并不构成闲聊。

"一个问题，光是一个回答还不够。"

回答时，再额外多加一句话，把球丢回去，才算是正式的闲聊。

16

最佳时机是,短暂交会的三十秒

在办公室的楼梯转角处刚好遇见同事,就稍微聊上几句。如果是男性,在厕所正好站在一起"解放",就简单地聊上几句。

以时间来说,就只是三十秒的程度。这种"短暂交会时以及刚见面时的三十秒闲聊",正是符合现代社会的新型态闲聊。

过去时代的闲聊,多半是和已经很知心的人,在咖啡馆、酒吧、公园或路旁,差不多是以专心谈话的形式进行。但是,现代社会里的人际关系虽然比较广,但交情却比较浅,人的流动量也比较大,没有多余的时间悠闲地花两小时来闲聊。

所以,我们需要的闲聊形式是:匆匆遇见时,简单利

第2章

这样就不会尴尬了！
——闲聊的基本礼仪

落地聊个二三十秒，然后又快速互道再见。

"什么嘛，只要三十秒吗？"应该有很多人这样想吧。但是，实际上闲聊的三十秒，比想象中还要久。只要有三十秒，就可以聊很多事。而如果是一分钟，就算是站着说话，也能谈到很具体的内容。打招呼时，只要说"你好""好久不见"就可以，只需花五秒钟。

剩下的二十五秒要说什么、怎么说，才是重点。例如这样的对话：

"哟，好久不见！"

"对了，我上星期去看那出热门的舞台剧了，很有趣啊。"

"咦？那出戏还在公演啊？"

"听说是到●月●日那天。可能是因为票房非常好，加演了吧。"

"那我还来得及去看。先这样啰，再见。"

好，全部对话加起来，三十秒。"打招呼+α"，共计三十秒。

像这样用文字写下来虽然很简单,但实际试着做却意外困难,因为必须马上选择有一定内容的话题。

这也是我在大学授课时所进行的活动:将学生排成两列,让他们和自己面前的人闲聊。三十秒后换人,再和下一个对象闲聊三十秒。

"你好,我最近很着迷的事是那个……"

"啊,是这样吗?事实上我也这样……"

"好,三十秒,换人!"

"你好,你现在在做什么运动吗?"

"我参加了网球社,不过,场地很难预约哦。最近……"

"好,三十秒,换人!"

就是这样的情形。它很像土风舞中的俄克拉荷马混合舞,不断更换舞伴至十人、二十人。这种活动,可说是斋藤式的闲聊力养成游戏吧。我在上课时会进行这样的游戏,几乎所有学生一开始都很吃力。

但是,持续这个训练,与十人、二十人,在短暂交会时闲聊三十秒,渐渐地,他们在心理上就变得强韧了。

第2章

这样就不会尴尬了！
——闲聊的基本礼仪

也就是说，他们变得习惯与人交际，和初次见面的对象闲聊时，也不会觉得紧张。

此外，刚开始进行时，最让学生困扰的是话题。因为彼此都是学生，怎么聊都是"最近打工的情况怎么样？""下次上课要做什么？"从头到尾都是类似的话题。

要使其中一方提出某种程度上有意义的谈话题材，然后另一方马上能以多加一句的形式回应，这是很困难的。

所以，我会请学生事先准备三十秒左右的闲聊话题。在需要多说一句话来回应时，如果准备的话题较多，闲聊就能顺利进行，也能很快习惯与人交际。这些都是储存的小话题发挥作用的缘故。

同样，我们平常也可以先储存那些大约可以闲聊个三十秒的各式各样的话题。如果能准备对谁都可以使用的一些话题（而且要能在三十秒左右结束），就可以在突发的"短暂交会"中派上用场。

我在课堂上进行这个"三十秒拔刀快斩"，或者说是"三十秒瞬间闲聊对决"的活动，是因为我认为，"相遇、谈话、气氛愉快、离开"——这样的闲聊过程，通过习惯和训练，无论怎样都是能够获得进步的。

不过，与演讲和说话术不同，闲聊力的养成训练几乎是没有的。作为沟通能力的闲聊力，是我们今后不可欠缺的技能。因此，我深深地觉得，闲聊的专门训练很有必要。

第 2 章
这样就不会尴尬了！
——闲聊的基本礼仪

17

降低"自我意识""自尊"的障碍物
——凡事放轻松

问那些为闲聊发愁的人，为什么对这件事敬而远之，常听到的回答是："因为没办法说得很好，觉得很丢脸。"他们并不是抗拒谈话。明明有谈话机会，想说话，也有一些想法，但最终却什么都没说。不觉得这样很可惜吗？

闲聊是让当下气氛和缓的"没有实质意义的话"，并不是工作会议或讨论时的发言，没有人会把它当成口头约定而质疑你："你那时候明明这样说。"你也不必背负责任，也不会有人将你的闲聊内容录下来。只要不是犯罪的事情、伤害别人的话，那就把感受到的事、想到的事，更坦率地直接说出来就可以。所以，你不必逞强地认为"我要说得很棒"。

其实,"因为没办法说得很好,觉得很丢脸"的这个理由,可说是自我意识的表现:

"不知道对方怎么看待说话的自己。"

"我的话如果让场面冷下来,怎么办?"

"因为紧张而讲得磕磕巴巴的,实在很丢脸。"

对自认不擅闲聊的人而言,这种过强的自我意识和自尊,会成为很大的障碍。"因为怕丢脸而不敢开口",终究是过分在意自己而产生的想法,并没有想到和你谈话的对方。

自己一个人无法谈话,谈话必须要有对象。因此,和你闲聊的对象,也是希望你能给予反应和回应的。

不过,你不需要说出好听的漂亮话,也不需要拥有让所有人都笑翻了的幽默,或是一针见血的深刻评语。闲聊不是射门、杀球或挥出全垒打,只要小距离的传球就可以了。

对方给你回应,只是想要和你有所沟通,拆掉和你之间的那道墙,让你们所处的空间的氛围变得缓和。

总之,闲聊时谈的是不具实质意义的话,首先,还是有意识地把自我意识的障碍物放下,开放自己吧;然后,

第 2 章

这样就不会尴尬了！
——闲聊的基本礼仪

不吝于把想到的事情说出来就可以。"咦，是这样啊，我还真不知道呢。"这样说就可以，这句话已经向对方传达出"我在回应你"的想法了。

18

日常生活中的麻烦,是绝佳的闲聊机会

这几年,禁烟、对抽烟反感的风潮高涨,抽烟者变得很没立场。我虽然不抽烟,但好像也能听到喜欢抽烟的人这样感叹:"感觉上,抽烟的人好像只因为抽烟这件事,就被社会压迫。"

如果是"生不逢时"的抽烟者,又不擅长闲聊,那么换个角度想,对这些人来说,各地的抽烟空间就成了理想的闲聊空间。这些空间可说是"受到压迫的伙伴"聚集的地方。

"感觉没有容身之处呢。"

"众人的视线好严厉。"

在这空间里的互相感叹、抱怨、诉苦,就成了绝佳的闲聊契机。我喜欢的漫画之一,武富健治的《铃木老师》中,

第2章

这样就不会尴尬了!
——闲聊的基本礼仪

也有这样的场景。

主角铃木老师任职的中学里,有教职员专用的吸烟室,老师们在里面一边抽着烟,一边讨论学校的问题。同样处境艰难的伙伴聚集在烟雾弥漫的空间里,可以诉说烦恼,也能聊各种话题。虽然关在狭小房间里一个劲儿抽烟的样子感觉很可怜,但就是在这样的空间里,才有在这个空间下产生的闲聊。

多数中占少数、立场相同的伙伴,非常容易拉近距离。

在人群中,如果只有自己一个人抽烟,就会有一种格格不入感和罪恶感,但如果还有另一个人抽烟,凑成两个人,就会让压力一下子减轻了很多。

立场相同的人,即使是第一次见面,也绝对能产生共同话题。在多数中占少数、立场相同的伙伴——事实上,也许没有比这更适合闲聊的情况了。

从产生同伴意识这一点来看,遇到相同麻烦,也会让闲聊变得很容易。

例如,所搭乘的公交车因为故障等原因,导致严重误点。

"咦，不会吧，开会会迟到啊。"当你这样想时，你所处的环境已经变成可以和他人容易闲聊的空间。你可能没有想太多，就跟身边有同样困扰的人聊了起来：

"唉，真是被打败了。"

"是啊，最近公交车的问题特别多呢。"

"真的，不知道何时才会停止。"

"尤其还在这种上班高峰时间出状况。"

我想，因为类似情况而有过交谈经验的人，应该不少。

因为是闲聊，所以并不是说和对方聊过之后就要把他当作人脉来经营。这只是与刚好处于同样场合、遇到相同麻烦的伙伴，进行了一场只限于这个场合的闲聊而已。

交谈个几句，让有同样困扰情绪的双方，心情都会稍微变好。像这样，因为交谈，气氛就瞬间变得缓和的经历——我想，大多数人一定都有过。

由于天气不佳，飞机停飞或火车停驶，人们被困在机场大厅或车站月台，不知道何时才能启程。在这种情况下，同病相怜的人如果不闲聊，就不知道该做什么好吧。

第2章

这样就不会尴尬了！
——闲聊的基本礼仪

图11

日常生活中遇到的麻烦，就是闲聊的机会

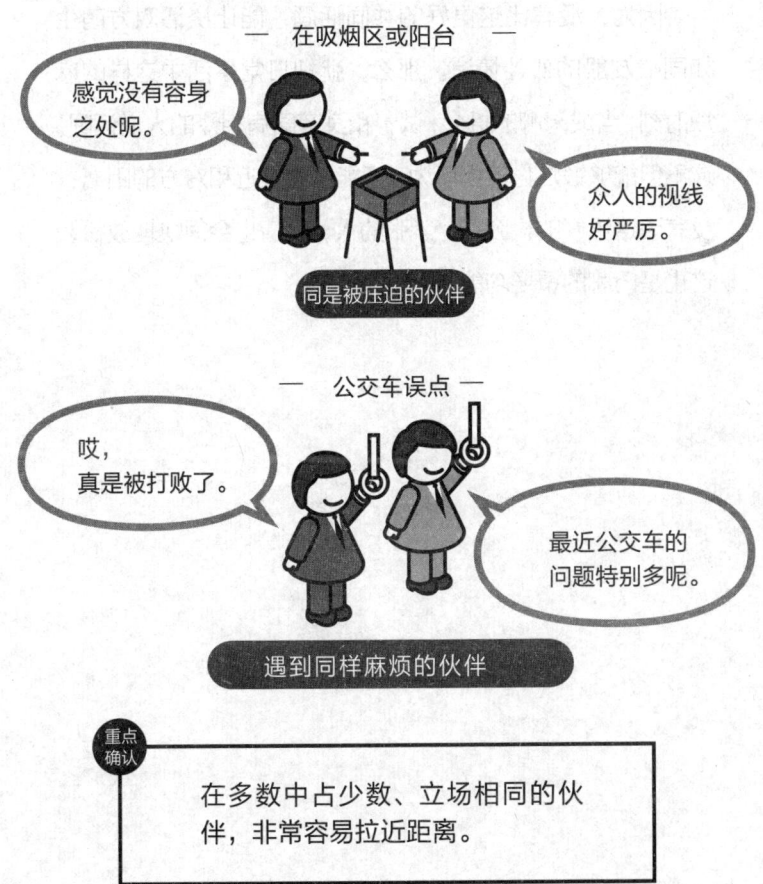

共同遭遇的麻烦，就可能是热烈闲聊的绝佳话题。

因为，没有比这更好的共同话题，能让谈话双方萌生如同战友般的伙伴情谊。那么，就把日常生活中这样的麻烦时刻，当成闲聊的机会，试着和身旁同病相怜的人说话吧。这不但能够锻炼你的闲聊力，还能迅速拉近和对方的距离，没有比这更好的机会了。紧张的人，表情也会很快地放松，这也是闲聊的重要功能。

第 2 章

这样就不会尴尬了！
——闲聊的基本礼仪

19

将坏话变成笑话或者娱乐圈话题

无论是以前还是现在，"说别人的坏话"一直都是闲聊的话题之一。的确，以不在场的人为目标，说三道四，总能让谈话者聊得起劲。

不过，为了消除和对方的尴尬、让气氛变得缓和的闲聊，变成说其他人的坏话、闲话，这似乎不太好。

虽然聊的时候气氛热烈，但回想起来绝对不会美好，还容易出问题。因此，无论聊天有多么艰难，闲聊时也不应该以别人的坏话、闲话等为话题。

前面提到，闲聊时要如何告一段落很重要，而闲聊后的"余味"也同样重要，所以，闲聊应该在清爽、愉快的心情下结束。

但是，说起来简单，做到却很难。

如果有个大家都认识的"伤脑筋人物",就算自己不说,其他人也可能会提起有关那个人的话题。

而如果要在这时严正地说"不要讲别人的坏话啦""说别人的坏话不太好"之类的话,是谁都会觉得很为难,不愿意做说这种话的人。而且,我们往往也很难用结论或道理来中断话题。

那么,该怎么做呢?要让闲聊改变方向,不再聚焦于说某个人的坏话、闲话,就要求那个新话题或事情本身,最好是能让大家觉得好笑的。

例如,你的公司里有一个大家公认的无能上司。有一天下班后,你和一伙同事在居酒屋聊天,结果变成了对那个上司的批评大会。这时,你可以用好笑的方式来聊天。

就算大家提到那位上司如何不负责任、才能平庸,你也不能说:"那个家伙真的很没用。""真是气死人了。"

你可以说:

"经理擅长的'碎碎念'攻击,今天又出现了!"

"在我们部门的历史上,又有一段有趣的'佳话'喽。"

就像这样,用好笑的事情来改变话题。

第2章

这样就不会尴尬了！
——闲聊的基本礼仪

与其不断地数落别人的不是、浑身负能量地闲聊，不如将事情本身当笑话讲，这样不但能让气氛热烈起来，精神上也比较健康。

这么做，既娱乐了大家，让心情变好，也能缓和当下的气氛，让闲聊回归到本来该有的样子。

但如果有人觉得，"还是很想讲别人的坏话，让气氛更热烈""别人的坏话格外好聊"，那就不要说身边的人，以娱乐圈作为话题也是个方法。也就是说，批评艺人或名人，可以消除"想讲别人坏话的压力"。

我觉得，这也是艺人和名人的宿命，综艺节目或杂志的娱乐圈八卦或小道消息，也可说是就为了被人评论而存在吧。艺人间的不伦、恋爱，或是粗鲁的言辞、失言、爆料等，都是不错的闲聊话题。对于这类话题，你大可以尽情批评，发表看法。

"那真是太扯了！"

"果然如此，我就觉得那女人真是不会看男人。"

"在众人面前那么说，实在不恰当吧。"

讲艺人的坏话，以替代讲身边的人的闲话，如果要比

图 12

将坏话变成笑话或娱乐圈话题

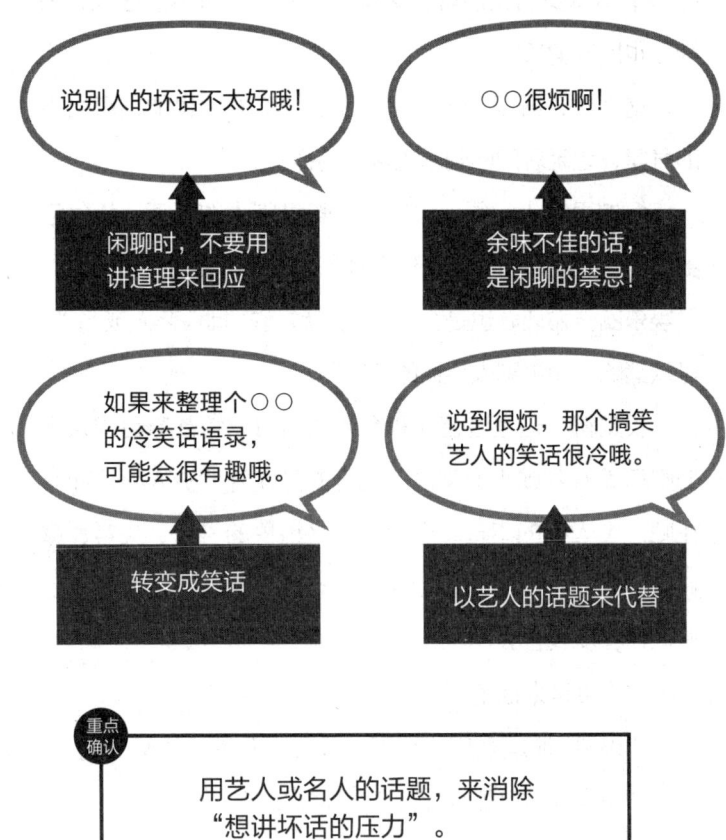

重点确认：用艺人或名人的话题，来消除"想讲坏话的压力"。

第 2 章

这样就不会尴尬了！
——闲聊的基本礼仪

喻的话，就像是以打沙包代替打人。虽然对艺人来说，这种情况很值得同情，但这也是贩售人气这个行业的宿命。

总之，讲艺人的闲话，不会让人容易产生罪恶感。但如果是以认识的人为对象，就变成讲其他人的坏话了。

无论如何，最好还是不要讲别人的坏话。闲聊时，最好能以让人愉快的话题为主，让气氛充满正能量。

第 3 章

一学就会的闲聊训练与取得话题的方法

第 3 章

一学就会的闲聊训练
与取得话题的方法

20

找出和对方之间的一个"具体挂钩"

有一天下课时,一个知道我养狗的学生来找我聊天:"老师,您有养狗对吧?我跟老师一样,也是养蝴蝶犬。说到蝴蝶犬啊……"因为我也很喜欢狗,所以就这样回应:"对对,真的很可爱。你的狗叫什么名字?"

谈话内容差不多就这个程度,不过我因此记住了这名学生:"啊,就是那个养蝴蝶犬的学生。"这是因为,我们特别容易记住有共同内容的话题。对方感兴趣、关心的事物就是一个"挂钩",你可以说:"我也是呀。"这样就将话题挂上这个挂钩,从而对方也会进一步做出回应。因为有了共同话题,就能聊得更起劲。

而且,这个挂钩最好是具体化的事物,越具体越好。

前面提到的学生的例子就是,比起"喜欢狗","喜欢蝴蝶犬"这个挂钩更具体，也因此让我留下更明确的印象。

无论是谁，说起自己喜欢的事物都会很起劲，讲到擅长的话题就变得话多。只要遇到某个人，就一定会聊到某个话题——这种情况很多。

当然，相反，如果对方将话题挂到自己感兴趣的事物的这个挂钩上，自己也会很愉快地和他谈话吧。

意外巧遇，聊起共同的话题、有交集的话题，谈个几分钟后，再分道扬镳。

闲聊就是一期一会，不！是"一点一会"。

这个"一点一会"重复几次后，就会变成"跟这个人就是要聊这个话题"。自己和对方，也都不会再有"该讲什么才好"的压力。也就是说，这样做能彻底强化人际关系。首先，就从一个点开始，具体找出你和对方的共同点吧。

第3章
一学就会的闲聊训练
与取得话题的方法

21

和这个人，就是要聊这个：
用"偏爱地图"掌握万无一失的话题

和某个人闲聊时，只要讲到某个话题，就肯定能聊得很起劲。这种话题，就是以特定对象为主的"万无一失话题"。比如，和爱猫的人聊猫，和足球迷侃足球。

虽然前一章也提到了和完全不认识的人闲聊的情况，不过，大体而言，和常见面的人、已经见过面的人、大致有点了解的人闲聊的机会，还是占绝大多数。

因此，可以特别注意并记住对方感兴趣或喜欢的事物，这对闲聊很有帮助。当然，这并不是要你问出对方所有的兴趣爱好，并详细做成小笔记备用，而是只要特别意识到"对这个人而言，这是万无一失的话题"，然后在脑海里记住这个话题就可以。

也就是说，你必须拥有"这个人喜欢这个事物"的地图，知道你身边的人的这些事："只要从这个话题切入应该就没问题""跟他一定要说这个话题"。

我将这张地图称为"偏爱地图"。

你可以将日常生活中，有所接触的人的兴趣和他们关心的事物，标示在自己的"偏爱地图"上。例如，说到 A，就是高尔夫球；至于美食家 B，就是餐厅的话题；最近生了小孩的 C，就是育儿话题；等等。

遇到 A 时，脑海中就浮现 A 的偏爱地图（也就是高尔夫球）。

"石川辽（日本高尔夫球选手）真的很厉害呢。"

"那个最年轻的赏金得主吧。是不是也该让我家小孩去打高尔夫球啊。"

"不过，也要看小孩有没有那个天分吧。"

"哈哈，那倒是。"

就像这样，你可以很容易找到对方感兴趣的话题。

而且，当发现了一个对方喜欢的事物，你就可以从这个点拉出一条线："喜欢这个，那应该也喜欢那个吧""如

第 3 章

一学就会的闲聊训练
与取得话题的方法

图 13

找出可以和对方聊的"万无一失的话题",做成偏爱地图

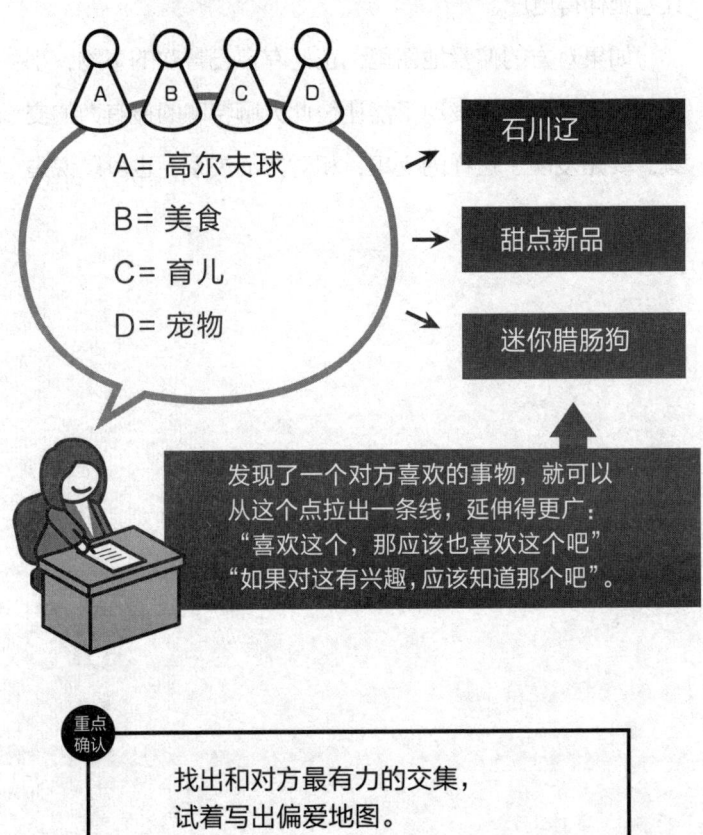

A = 高尔夫球 → 石川辽
B = 美食 → 甜点新品
C = 育儿
D = 宠物 → 迷你腊肠狗

发现了一个对方喜欢的事物,就可以从这个点拉出一条线,延伸得更广:
"喜欢这个,那应该也喜欢这个吧"
"如果对这有兴趣,应该知道那个吧"。

重点确认

找出和对方最有力的交集,
试着写出偏爱地图。

果对这有兴趣，应该知道那个吧"，这样就能更新偏爱地图，让它延伸得更广。

如果对方的偏爱地图里，正好有自己喜欢的事物，那就太好了，因为你发现了能让彼此大聊特聊的最有力的交集。要是发现了这样的交集，和对方的关系，也可以说是几乎没问题了吧。

第3章

一学就会的闲聊训练
与取得话题的方法

22

最新的时事话题,要马上使用

时事话题,或是新闻最近常提到的社会事件,也是多数人都知道的话题范畴。

在某种意义上,时事话题是万能的、实用性很高的题材。因此,每天都要大致浏览一下新闻节目和报纸。为了收集闲聊题材,这个工夫可不能少。

接下来的重点是,收集后就要马上使用。

今晚在电视新闻上看到的事,就要作为明后天的闲聊题材;早上在报上看到的话题,就要使用在当天的闲聊中——对于想要作为闲聊题材的时事话题,我们必须要养成这样的思维习惯。

例如,某天新闻中报道:"新型流感的疫情等级已调整为第○级。"但是几天后情况可能又不同。

"最近，在某几个地方发现了感染者。"这样的新闻几天后可能会变成："之前的消息似乎是错的。"

"铃木一朗挥出了他在日本、美国两地加起来的第三千支安打。"这个消息几天后，又会被新的新闻取代："铃木一朗创造了连续九年挥出二百支安打的美国大联盟新纪录。"即使可以聊两周前、一个月前的新闻，但内容可能已经发生了变化。

要让闲聊气氛变得热烈，当然还是新的信息比较好。为了达到这个目的，你要好好注意电视新闻和报纸，掌握最新的信息与聊天题材。

我这样说，指的并不是要比别人抢先一步知道新信息。

"之前〇〇的那个新闻，现在好像变成这样了哦。"

"啊？这样吗？我不知道啊。"

"对、对，我也在昨晚的电视新闻中看到啰。"

"我是刚从手机的新闻网站上看到的。"

也就是说，越是实时消息，这消息本身就越是能让闲聊变得起劲的题材。无论对方是已经知道还是不知道，重

第3章
一学就会的闲聊训练
与取得话题的方法

要的是,说出这个消息,就能成为让闲聊气氛变得热烈的契机。

又例如"今天巨人队又获胜了啊"这样的话题,显然可以在比赛刚结束后使用,但隔天再提到这件事,除了巨人队的球迷外,可能没有人会感兴趣。

信息和新闻是"有生命的东西",所以"跑得很快"。因此,和寿司一样,闲聊的题材也最好是新鲜的,才能炒热气氛。

23

日常疑问,可直接当作闲聊话题

"我的电脑状况不太好,但我不知道原因出在哪儿。"
"虽然我想在网站上买东西,但不知道购买方法。"
"该买DVD还是蓝光光盘呢?"

其实,我们在生活中遇到的不懂的事情或者疑问,也可以是很好的闲聊题材。如果目的只是解决问题,就变成了"请教"这种"有实质内容"的话,也就不符合闲聊的定义。但如果只是把疑问作为展开闲聊的契机,或当成一个话题,就没有这个限制,它可以成为非常便利、可任意使用的好题材。例如,提出这样的询问:"TSUTAYA(日本的一家书籍贩卖、影音租赁的连锁店)的网络宅配租借服务,你知道怎么用吗?"如果对方知道方法,闲聊就能这样展开。当然,一开始是说明租借方法,但以此为开端,

第3章
一学就会的闲聊训练
与取得话题的方法

话题应该能变得更广：

"你喜欢看什么样的影片？"

"最近什么都可以从网络上取得，很方便呢。"

"有这样的服务后，实体出租店会变得怎么样呢？"

这也可以说是一种让闲聊展开的方法吧——以"询问"作为话题，衍生出其他话题。

当今时代的我们，被各式各样的影音产品所包围：计算机、网络、数码相机、手机、蓝光光盘录像机……虽然它们有很多功能，但应该几乎没有人能掌握所有机器的使用方法。我想，每个人或多或少都有"不知道使用方法""不晓得怎么处理故障"的经历吧。

每个人都有同样的困扰，都关注同样的事情。因此，这一类的询问也很容易变成闲聊的题材。

24

最适合练习闲聊的对象：
抱着婴儿的人、遛狗的人和大妈

因为害羞，所以不擅言辞。总之，就是不知怎么与人交谈。曾经有这样的人来找我咨询："我不知道要在哪里锻炼闲聊力。"

我提供的建议是："以抱着婴儿的人、遛狗的人和大妈作为对象。"

首先，我推荐和大妈练习闲聊。说到闲聊力，大妈们可是专家。如果是大学生，和与自己母亲年龄差不多的四十到六十多岁的女性闲聊，会比较自在。

之前，在我某一次听众约一千人的演讲中发生过这样的事情。

第 3 章

一学就会的闲聊训练
与取得话题的方法

"有人读过这本书吗?"我用这种聊天的语气一问完,坐在最前排的一位大妈就抢着回答:"老师,我看过,我看过。"

她试图拍打我的脚,一副要我注意她的样子。她主动制造出在一千人中和我一对一说话的架势,让我也不假思索地回应:"这样啊。"

只要想到大妈的这种大胆无畏,我就觉得其实自己也不必主动提供各种话题,只要像大妈一样,毫不畏惧地主动搭话,应该就没问题了。

而那些跟二十多岁女性谈话时,可能会被认为是性骚扰的话题,在对象是大妈时,就会被当成笑话。所以,和大妈讲话没什么好担心的。

不只是大妈,像面店、面包店、便当店的人,这种日常生活中总会和别人闲聊几句的人,你平常的活动范围中一定能遇到几个吧。这些做生意的人,不分男女,很多都非常善于闲聊。和他们聊天,也自然能够锻炼闲聊力。

我推荐的另一个闲聊对象,是抱着婴儿的妈妈。

在公交车或电车上,常会看到哭闹的婴儿。当抱着婴儿的母亲说"不好意思"时，我就一定会和她闲聊几句。并且还会对着婴儿，像是和他讲话般地说"真的很不舒服吧？这么热"诸如此类的话。

事实上，这样一句话，对于车上其他有点在意婴儿哭闹的乘客来说，也很令人感激，因为它能立刻让气氛变得缓和。此外，搭乘公交车和电车的乘客下车后会四散而去，下车时，闲聊就结束——以此为前提，闲聊也变得毫无负担，所以我非常推荐。

最后，是遛狗的人。就算自己没养狗，也能和散步遛狗的人搭话："好可爱，几岁啦？"这种情形下，突然和素昧平生的陌生人搭话，也不显得奇怪。从这点来看，散步遛狗的人可说是极佳的闲聊练习对象。

第3章

一学就会的闲聊训练
与取得话题的方法

25

若无话可说，就利用糖果
——要拥有自己的沟通道具

我的同事中，有一个热衷于抓娃娃机的老师，很喜欢去游乐场抓一堆布偶。最近，他喜欢上名为"轻松熊"的卡通角色人物。在学校里遇到他时，他常问我：

"斋藤老师，你知道轻松熊吗？"

"唉，不知道啊。"

"那可不行，连轻松熊都不知道就糟了。"

他会这样跟我说，还会送我他抓到的轻松熊布偶或手机吊饰。同样，他也会送其他人这些周边商品，一伙人围绕着轻松熊的话题聊得很起劲。

"这种游戏机，最近都会放入什么东西呢？"

"很多成年人都在很认真地玩抓娃娃机哦。这是最近的战利品,请笑纳。"

"这样啊,谢谢。你抓了那么多啊?"

"不知不觉就迷上了呢。"

于是,轻松熊布偶的事就被搁在一边,话题越扯越远。我不知道那位老师自己有没有发现,轻松熊布偶已经变成独属于他、特别的沟通道具了。正因为有这样的道具,所以和他聊天时的话题,都是我们从未预想过的,例如抓娃娃机和轻松熊。

因此,不知道该说什么好、对谈话没有自信的人,准备一个有自己风格的沟通道具,也是个有效的方法。使用特别的手机吊饰、有意思或者有个性的壁纸、设计有趣的文具也很不错。

"这个很有趣吧?"

"你知道这个吗?"

只要能制造出说这种话的机会,什么东西都可以。你可以去找罕见的、有趣的东西,让它成为谈话的引子。而且,重要的是,对方若带着独特的或好像很有意思的东西,你也必须有所反应。注意到对方的沟通道具并有所表示,这点也很重要。

第 3 章

一学就会的闲聊训练
与取得话题的方法

"那是什么？好有趣哦。"

"哦，这个啊，其实……"

这样一来，话题就能以对方为主，广泛地展开。自己要拥有能提供谈话机会的沟通道具，也要注意对方是否带着像是能提供谈话契机的东西，并加以反应。

无话可说时，请尽管依赖物品。能开启谈话、让闲聊可以大致进行下去的物品，对于不擅长闲聊的人来说，就是能让人安心的武器。

至于对任何人而言，都能作为简单闲聊对象、沟通道具的东西，我给大家的推荐是像"FRISK""PINKY"之类的薄荷糖。当然，口香糖或者零食也可以。

我也常带着"FRISK"，当我晃动小盒子、发出咔啦咔啦声倒出来吃时，很多人会有所反应。这就是机会。"你要不要也来一点？"我一边说，一边咔啦咔啦地倒在对方手上。话说，这就等同于大阪大妈拿手的"糖果攻击"吧。

"其实我中午吃了煎饺，想消除嘴里的味道。"

"我也带了哦，不过我的是PINKY。"

"这个FRISK，宿醉的第二天早上搭地铁上班时可不能少呢。"

边吃着FRISK，边热烈闲聊——我拿出FRISK后常变成这种情况。

我的经验是，几乎没有人会拒绝FRISK。就算拒绝，也可以把这件事当作话题。例如：

"我对薄荷口味实在没办法喜欢呢。"

"如果是甜的就没问题，所以比起FRISK，我比较习惯吃PINKY。"

FRISK的优点是，大概三十秒就会溶化。一边含着FRISK，一边闲聊，等到嘴里的FRISK溶化时，就可以趁势说："下回见啰。""谢谢你的FRISK。"

所以，如果是很难溶化的糖果就不行。最主要的是，含着糖果不太好讲话，就没办法闲聊了。

从这点来看，FRISK不但能作为开启闲聊的契机，而且它使谈话结束、双方离开的时间点也变得比较好计算。我认为，如果要在短暂空当中来段闲聊，它会是很棒的道具。

第 3 章
一学就会的闲聊训练
与取得话题的方法

图 14

苦于无话可说，就带着零食吧

就算别人婉言拒绝，你也可以用"你不喜欢薄荷口味的吗？"等话来回应，让对话继续，所以我很推荐 FRISK。

 重点确认

零食是短暂空当中开启闲聊的好道具。

26

"谁说了什么话",也是好用的闲聊话题

在大学里,我和同为老师的同事闲聊时,偶尔会提及的话题,是学生对我们的评价。就像第二章所提到的,称赞是闲聊的王道技巧,所以在聊这种话题时,当然也是希望提到好的评价。不过,因为同是老师,可能只是单纯地说:

"〇〇老师,您的授课真是非常有趣呢。"

这种直接赞美,总给人很刻意像是恭维的感觉。如果说得比较不高明,听起来就像讽刺,本来是想让气氛变好,结果却可能让情况变糟。

这种时候应该说:

"来上我课的学生说:'〇〇老师的课非常有趣呢。'"

这种称赞方式就让人舒服多了,也就是说,要间接地赞美。

第3章
一学就会的闲聊训练
与取得话题的方法

很多时候，谈正面话题时，以"是谁谁这样说的"来传达信息，可信度会比较高，比直接赞美少了点刻意的恭维感。

当然，不需要说谎。如果你听到关于对方的正面信息，就以传达所闻的形式告诉他就可以了。收集所听来的正面传闻、信息，也是种收集闲聊话题的方式。

传闻、信息还有另一个意义。

擅长闲聊的人，也擅长"转述借来的话题"。

也就是，能将"听来的事情"变成自己的闲聊话题。闲聊的话题，并不只有自己生活中发现的事。如果能加入"其他人体验过的事情"，就会让可聊的话题膨胀好几倍。

我和北野武先生一起参与日本 TBS 电视台的节目《情报七天新闻主播》。北野武先生即使在镜头外也非常有趣。不，应该说，在后台时，他说的话更有趣。无论台上台下，他总是能让身边的气氛变得轻松，我觉得这种服务精神很了不起。

他在进入摄影棚后，直到节目开始前十秒，都一直在闲聊。聊的都是电视上不能播出、处在尺度边缘，但谁都会大笑的有趣话题。工作人员和现场嘉宾，每个人都捧腹大笑，气氛十分热烈，然后直播节目就在这样的状态下开始进行。

北野武很了不起的一点是，他的话题不会用尽，而且源源不绝。"为什么他能说出这么多各式各样的话题？"我思索着，然后发现了一件事。

在他的话中，偶尔会出现这样的句子：

"这是我之前听到的事情。"

"这是〇〇说的哦！"

那些事并不是他的个人经验，他是借用以前从别人那里听来的逸事，用于其他闲聊话题。也就是，以传话游戏般的方式传达闲聊的题材。

北野武先生在运用"转述借来的题材"上，真的是很有天分。他本来也是搞笑艺人，但除了自己原本的搞笑题材，还储存了许多听来的话题。这些听来的题材也是种类丰富、内容多样。也因为收集、储存了许多话题，所以无论谁提起了什么事，他一定能发展出围绕着这件事的闲聊。

此外，他还会将听来的事情、传闻，用自己的语言、

第3章
一学就会的闲聊训练
与取得话题的方法

个人的风格加以传达。原本的逸事在成为"北野武的话题"后,也变得更有趣,能让闲聊气氛更热烈。

不只是北野武,善于闲聊的人都拥有自己的"话题仓库",不断加入新库存,同时也有以前储存、沉淀了好几年的老话题。他们会依据情况,适当地反复使用这些库存。

当然,我们都要像北野武一样说话,是不太可能的。

不过,和其他人闲聊时,如果对方说了有趣的逸事,就可以记住备用。将"听来的事情"作为自己的闲聊话题加以保存,反复使用,是非常好用的方式。

话题也可以反复使用。只要对象不同,一个话题说好几次也没关系。只要记得住,对什么样的人讲过什么事,话题就不会重复了。

27

出租车是收集话题和练习闲聊的最佳场所

因为工作感到疲倦,或是谁对你说了讨厌的事,这种时候,我推荐的闲聊地点是出租车。

"说真的,你有人际关系上的压力吗?""真是的,你不觉得真的很讨厌吗?"或是:"应该有那种很差劲的乘客吧。"——也有这样的减压方法,主动和出租车司机说话,悄悄地释放压力。

"当然有啊,什么人都有。"司机应该会这样回应你,也就这样顺势成为你的谈话对象。和出租车司机闲聊的魅力,在于对着他的背或从后视镜中看着他讲话,不需面对面,所以比较能轻松谈话,也能发牢骚。当你抱怨景气不佳时,如果司机回你"真的是!情况很差呢",你们之间建立的对话就能继续下去。

第3章
一学就会的闲聊训练
与取得话题的方法

"要记住东京的路,很不容易吧。"

从这样的话,可以延伸出关于出生地的话题。

"明明是要回多摩广场(tama-plaza),跟司机说'到多广(tama-pla)',接着倒头就睡,结果到了才发现是海边,那个地方叫镰仓(kamakura)。"像这样的有趣的逸事,在出租车上常能听到。

出租车不只是闲聊的练习场,同时也是话题宝库,没有不善加利用的道理。

出租车司机的话题,就算与自己无关,也很有趣。

前面所介绍的,将"听来的事情"变成自己的闲聊话题,加以储存、反复使用的方法,在和出租车司机聊天时,正好就可以应用。所以,搭乘出租车时,不妨试着积极和司机聊天,引出更多话题吧。

28
从一个话题衍生出十个话题的具体方法

收集闲聊话题时,不只是收集很多单独的话题,也有从一个话题"开枝散叶",衍生出其他话题的方式。

假设,你去看了泷田洋二郎导演的电影《入殓师》。

首先,观赏荣获奥斯卡最佳外语片奖的电影,就可以成为谈话题材。剧情所描述的入殓师这个职业,本木雅弘、广末凉子等演员的演技,导演的手法等,可作为话题的素材非常多。不过,这都是以作品为中心的话题,都是理所当然的谈话素材。还可以试着注意非中心的周围部分,发掘其他题材。

例如,电影中有原本是乐团成员的主角演奏大提琴的场景。从这里,就可以延伸出:"大提琴是什么样的乐

第3章
一学就会的闲聊训练
与取得话题的方法

器?""乐团成员这样的工作也不错呢。"此外,山崎努所饰演的老一代的入殓师,家中有许多植物,从这样一个画面,也可以让人想到"有很多花的房子很棒呢"。

用这样的角度看电影,从一部电影中所得到的感触,就不只是故事本身,而能扩展至很多方面。然后,这些感触,全都可能变成闲聊的题材。

如果将各种感触储存起来,之后,当谈到乐器演奏或交响乐的话题时,你就能说:"说到这个,《入殓师》里有这样的场景呢。"谈到心灵疗愈和放松的话题时,就可以说:"种植物对于精神上的平衡,似乎也有某些影响呢。《入殓师》中也有这样的片段。"从《入殓师》这部电影,就可以衍生出电影以外的许多题材。

特别是,电影就像是由许多素材所交织而成的布一般。以《入殓师》来说,在故事主线外,也织入了大提琴、植物、澡堂等各种元素。这里是为了方便才以电影为例,我们身边所发生的事都是同样的道理,无一例外。

如果遇到似乎可以成为闲聊题材的事情,不要只关注

图 15

从一个话题衍生为十个话题的方法

例：电影《入殓师》

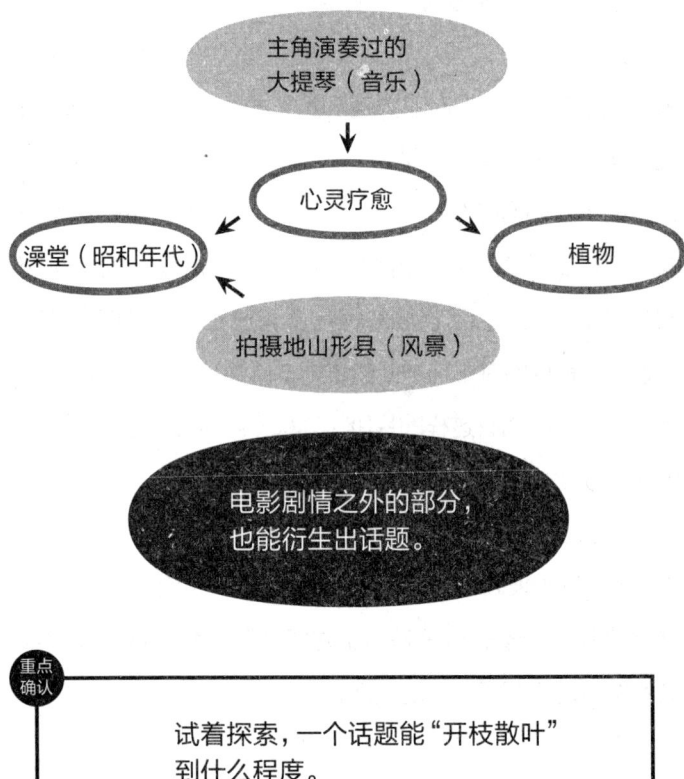

| 重点 |
| 确认 |

试着探索，一个话题能"开枝散叶"到什么程度。

第3章
一学就会的闲聊训练
与取得话题的方法

中心部分,而是试着注意与这件事有关的其他要素。中心部分的题材,一件事就只有一个,但如果留意构成事情的各种要素,就可以接连衍生出许多题材。

只要知道一,就能衍生出十。一个话题能"开枝散叶"到什么程度,就要看能发现多少话题背后隐藏的"可长成话题的嫩芽"。

在这点上,很重要的是,平常要尽量伸展感性的天线,让自己处于容易感知各种事物的状态。

首先,请你重新检视日常生活中,对自己而言深有感触的东西是什么。电视、杂志、电影、DVD、音乐、收音机……对于自己周围常看到、听到的媒体,你也可以试着稍微改变一下视听习惯。

例如,试着连续地看一个电视节目,或是录下你一直很少接触的类型的节目,每集都看。即使光是这样的变化,新的感性天线就会开始反应,你对信息的敏感度也会提升,也会对过去从没注意到的事物产生反应。

时常开发接受新感触的入口、承受新信息的托盘,就会对能成为聊天话题的信息变得敏感。这也是培养闲聊基本能力的方法。

第 3 章
一学就会的闲聊训练
与取得话题的方法

29

注意不同年代的"万无一失闲聊关键词"

我参与过儿童节目的制作,出版过以儿童为对象的书籍,也担任过儿童学习课程的讲师,因此与儿童接触的机会很多。

和他们聊天,我才知道流行的漫画和绘本,而且也知道小学生之间的畅销书。比如,讲谈社的"青鸟文库"中有首印三十万册的书,之后还加印了十万册。

在首印能有一万册就算不错的日本出版界,这是很令人惊讶的数字。而且,这还只是小学生之间的畅销书。虽然我们这些大人完全不知道,但大多数的儿童却都读过或听过。

在和日本小学生聊天时,只要提到"青鸟文库",他们就会说"啊,我知道,我知道",反应很热烈。另外,在小学女生中，搞笑团体"般若"的金田哲也很受欢迎。

在这个时代，小学生、银发族、主妇、上班族、高中女生、外国人……每个不同族群的人都有完全不同的价值观。如果常需要和某个族群的人闲聊，那么，以对方的领域中最受欢迎的事物为话题，最有效果。因此，张开你的天线，以了解不同世代、地域等各种圈子可利用的话题，也非常重要。

当然，不是一定要认真地搜寻资料，也不用那么紧张，只要去书店时，偶尔去童书区绕一圈；去理发店剪头发时，偶尔读一下女性杂志。重要的是，在日常生活中偶尔也要注意和自己不同年代的人的相关信息。

前面也已经说明过，不需要将这些信息当成知识装进脑子里。只要将自己粗略看过的印象和感觉，如实传达出来就可以。

"我是看过和〇〇有关的报道，为什么〇〇能这样受欢迎呢？"

"车站前刚开的那家咖啡店，蛋糕看起来好像很好吃，你去过吗？"

第3章

一学就会的闲聊训练
与取得话题的方法

　　就像这样，只要针对对方可能知道或关心的话题，提出疑问就可以了。

　　这种方法，与其说是探寻各个年代万无一失的话题，不如说是大致了解、掌握他们感兴趣的事物的关键词就足够了。

第 4 章

职场上可用的闲聊力

第 4 章
职场上可用的闲聊力

30
从闲聊中可看出面试者的柔软度与应变能力

在求职面试中,面试官会提出与主题无关的其他问题。

"你希望进我们公司的理由是什么?"

"请你说明一下,你认为自己为什么适合这个工作。"

"你想在这个公司做什么工作?"

在问这些问题时,面试官会突然穿插一些你没想到的、好像在咖啡馆聊天时才会聊到的问题:

"最近你看了什么有趣的电影吗?"

"你喜欢哪位女演员?"

"周末你都做些什么事,怎么度过?"

当然,面试官并非真的针对你的个人喜好来问这些事,而是想了解面对意料之外的提问,你会怎么回答。面对话题的突然转变,你是否能够随机应变地回答。

其实，面试官想确认的是你的柔软度、应变能力以及社会性。有些人对于事前准备好的答案、面试中容易被问到的问题、自己擅长的领域，都能对答如流，但只要话题稍微不同，即使只是闲聊般的问题，就突然变得语无伦次。

这样的人，工作时如果要带着去拜访客户，也很困难啊——面试官应该会这样想吧。相反，如果回答问题时还能延伸话题回应，让面试官有"咦，是这样吗？"的反应，就会让人感觉"这个人可以用"。就像这样，为了要看出对方在谈话上的柔软度与实时反应，面试官常会提出闲聊般的问题。

具备无论什么话题都能随机应变的柔软度，就是指即使话题怎么与主题无关，都能和对方闲聊。面试官会在求职者面试时确认闲聊力，正是职场中也想要这类人才的最佳证据。

对于这一点，也许你会觉得意外，但通过闲聊，的确可看出一个人是否在良好的环境中成长。当然，这里所说的，并不是指家境是否优越，而是指是否在人际关系良好的环境中开朗地成长。

这一点，面试官也能从闲聊中切实地看出来。

第4章

职场上可用的闲聊力

31

立场中立的人善于闲聊

人们常说,只要三个人聚在一起,就可以成为小团体。很多人应该都记得,学生时代,班上总会有几个感情不错的小团体。小团体本身并不是那么坏,它的形成也是人的习性使然。

不过,如果太执着于派别、团体,人际关系就会变得狭窄,与他人的互动和思考方式也会有所偏颇。要是有个闪失,组织整体的气氛就会变得很不和谐。有时候,不同的团体间可能还会有各持己见、互相对抗的情况。

这个时候,组织需要的是一个立场中立的人。他不属于任何团体、派别,和所有人之间的关系都差不多,也就是说,他是一个还没有被团体化的人。这种中立者的共同点是,他们都善于闲聊——无论和谁都能聊,和哪个团体都说得上话。

无论对象是部长、科长、同事、晚辈、女职员、柜台小姐、有生意往来的公司领导、保险业务员,还是送养乐多的女士,他们都能一视同仁地和对方闲聊。

只要有这种中立者存在,空间里的气氛就会马上变得活跃、开放。

"只要有那个人在,感觉上气氛就变得很融洽。"

气氛很好的职场中,一定有这种能缓和气氛的人。例如,有人在闲聊中说起其他团体的坏话时,他就能巧妙地转移至其他话题。他能在不会制造特定敌对关系的情况下,高明地掌控谈话内容。他对谁都能秉持中立的态度说话。

中立者的立场之所以受到支持,也是因为他们说话公正,不会因为对象而改变。也就是说,立场与发言不会有所动摇。因为没有团体化、派别化的影响,所以能俯瞰全局,不受他人和环境的影响,以考量大局的角度思考事情。"一就是一,二就是二""这两个问题不能一概而论",他能秉持这样确切的立场。

这样的人在组织里很受景仰,大家都对他另眼相待。

第 4 章
职场上可用的闲聊力

他能不拖泥带水、不让事情变麻烦地与各种团体来往。很多人也会这样想:"如果能成为他那样的人就好了。"

漫画《课长岛耕作》之所以受到许多上班族支持,也许就是喜欢主角始终坚持信念、不加入任何派别吧。为了在组织中维持这样的中立性,闲聊力不可少。闲聊是没有实质意义的话。但是,它也是一种和任何人都能愉快相处,和谁都能保持适当距离的能力。

闲聊力,能体现一个人拥有中立社会性的智慧。

32

一个人在组织中的评价和人望，还要看他有无闲聊能力

事实上，我在学生时代，曾有过没什么朋友的黯淡时期。在周围的人看来，我似乎是个"很难亲近的人"，不但很腼腆，而且年轻气盛，散发出一种"我和大家都不同"的气息吧。

不过，对我这种"很难亲近的人"，还是有不以为意，能以平常态度来与我互动的人。有个男同学经常会来找我聊天，而且他并不是勉强自己，真的是很自然地来和我闲聊。

我一开始觉得很困惑，但慢慢也就习惯了他主动来找我。之后，通过他的介绍，我又和他的朋友有了互动。他真的是帮了我很大的忙，可以说，多亏有他，我的学生时代才有了所谓的人际关系，没有远离由朋友所构成的团体。

我和他直到现在都还是朋友，仍有往来。和谁都处得

第4章
职场上可用的闲聊力

来的他，从学生时代到现在，都是让周围另眼看待的人，而且，他在组织中也让人另眼相待，换句话说，就是有人望。而要在组织中具有前面所提到的中立立场，我认为，就需要有人望。

和谁都谈得来，与每个人都保有适当距离，因此能够没有偏颇，做出公平、客观的判断。这种人，会让人觉得很大气；相反，即使口才很好，但会选择谈话对象，不和不喜欢的人说话的人，也会让人觉得器量狭小。

在组织中的评价和人望，会因为闲聊力的高低而有很大的不同。从"人望"的角度来看，和谁都谈得来，比起话题有趣，更能得到较高的评价。

在职场中，总有可以不在意地和大家都感到头疼的对象谈话的人，也有不会过分神经质，和谁都能自然聊天的人。这种人，在组织里都很有人望，他们并不会被认为是净说些恭维话或个性八面玲珑，而是让人觉得，他们是用公平的态度与众人相处。

他们和上司、同事、客户都有很好的关系，因此有许多伙伴，也能很快地在职场上脱颖而出。而且，这种人成为上司后，也能受到部下的爱戴和跟随。

总之，善于闲聊的人，在人际上交友广泛。而在职场中，"立场中立的闲聊力"就是一种强而有力的武器。

第 4 章
职场上可用的闲聊力

33

让企划会议像喝酒聊天,让喝酒聊天像企划会议

我曾参与 NHK 电视台的儿童节目《用日语玩耍》。这个节目的企划会议,气氛真的是很热烈。

我和佐藤卓(平面设计师)、日比野梢(服装设计师)以及 NHK 的工作人员在讨论"这次要做什么企划""要来进行什么特集"时,想出来的净是些无厘头的点子。如果在旁边听,应该会觉得我们说的都是很蠢的话。

"不如以和孩子一起看节目的年轻母亲为对象,来个'爽朗帅哥的知名文章接力'怎么样?"

假如有人抛出类似这样的点子,讨论就会变得非常热烈。

"比方说,请帅哥对着摄像机,轻声诵读《百人一首》中的恋歌,如何?让它变成每天早上的固定单元,使年轻

妈妈的心灵一早就得到抚慰。"

"那么，让帅哥做菜，一边咚咚咚地使着菜刀，一边轻声诵念恋歌呢？"

"还是让说着'离垒远一点、远一点'的跑垒指导员，用同样的感觉念出来？"

"如果是让长得很帅的僧侣一边敲木鱼，一边吟诵恋歌呢？"

这时候，参加会议的所有人已经你一句我一句聊得火热，话也越说越多。我想，不只是《用日语玩耍》如此，受欢迎的电视节目开企划会议时都应该是这样吧。

虽然这些点子最后几乎都没有采用，不过，从这些蠢话转移到正经的讨论时，头脑已经变得很活跃了。而且，说话时也比较顺。这是因为参加会议的人的团队意识已经变强，现场气氛也很有活力。说是企划会议，其实几乎是喝酒聊天的气氛了。用喝酒聊天般的感觉来进行企划会议。实际上，先在会议室炒热气氛后，再去酒吧，就会聊得更热烈。

如果是正经八百地开会，并希望得出结果，参加会议

第4章
职场上可用的闲聊力

的人可能很快就会觉得痛苦。"无论如何一定要想出好点子",有这种气氛的企划会议,是不会让人开心的。

在确定一个共同课题或目标后,朝着这方向,先各自说些意见和点子,聊些闲话。然后,互相讨论想出来的点子,不停转换话题。如果让所有人都觉得在同一个时间参与同一个话题,讨论后的感觉会很愉快。让企划会议就像喝酒聊天,让喝酒聊天就像企划会议。对职场人士来说,无论是工作或是休闲,这都是能让气氛热烈的共通诀窍。

34

"边做事边闲聊"比"禁止聊天"好

打麻将和下棋时,一边动手,一边闲聊,谈话就会变得格外热烈。不过,职场中却似乎有股趋势认为,如果闲聊,工作就无法顺利进行。而且,不少莫名其妙的公司甚至规定"工作时严禁聊天"。很多人应该都被上司这样批评过:

"不要讲话,赶快工作!"

"动口前,先动手!"

但我认为,连闲聊都不行的这些公司是有问题的。公司是工作的场所,而同时也是生活的空间。对上班族来说,他们的工作时间几乎都待在公司,如果在这个空间里感觉不舒服,是有害精神健康的。工作时如果能闲聊,在心情不那么紧绷的情况下,工作也会进行得比较顺利。

当然,有些工作内容的确是一闲聊就无法顺利进行的,

第4章
职场上可用的闲聊力

也有一些工作，一定要保持着绝不能闲聊的紧张感才行。不过，也有很多工作可以一边闲聊一边进行，还能提升效率。其中，最适合的工作内容，是简单、重复的工作。从事机械性、事务性的简单工作时，是绝佳的闲聊机会。

例如，将开会要用的资料打印出来后，需要一一整理好。动手整理资料，这个工作本身很简单，整理了几份、习惯流程后，就可以不费脑筋地进行。做这种工作，与其沉默地进行，还不如一边闲聊一边做，这样效率也比较高。而且，比起一个人默默地做，和别人聊天会适度放松，也不会对工作感到厌倦。

另外，相反的情况也成立。也就是说，一边动手做点什么事的情况下，说话会变得更顺畅。一半意识放在手边的作业处理，另一半则放在闲聊上。因为注意力一半分给工作，一半分给闲聊，谈话时就不会得失心太重，反而能比较放松。

在从事这种单纯作业时，应该也不会想要进行必须得出结论的讨论吧。因为脑子有一半是使用在工作上，没有余力进行讨论。

而且，如果是闲聊，谈话即使中断，也可以专注于手边的作业处理。也不用想"一定要讲点什么"。不用想太多，这也是"边做事边闲聊"的优点。

因为手上正在处理工作，所以视线当然是放在手边，因此也不需要看着闲聊对象的脸说话。手和眼睛，都不会不知道该放哪里。对于因为害羞而不敢看谈话对象的人来说，这是最适合的闲聊状态吧。

以前，职场上也常说禁止闲聊，认为工作时闲聊不太像话。不过，依据工作内容的不同，做某些工作时闲聊也是得到允许的——倒不如说，是认为这样做比较好。

我们这些大学老师在批改考卷时，经常闲聊得很开心。进行这种朴实单调的工作时，如果不闲聊，做到最后就会觉得好像快窒息了。但是，如果聊得太起劲，偶尔也会被其他老师叱责："请安静，这样无法专心吧。"

手边做着事，视线也聚焦在工作上，偶尔有一搭没一搭地闲聊，这种边做事边闲聊的方式，会让人觉得时间过得很快。最重要的是，这样的方式能让人感觉到工作的愉快。如果能选择适合的工作内容，以这种方式顺利完成，对于

第4章
职场上可用的闲聊力

工作效率和心情,都有加分的作用。

因此,不善于闲聊的人,可以试着先接受如复印、整理资料等的单纯工作。然后,试着和一起处理这类工作的同事闲聊。

35

老板或店员很健谈的店，
比食物美味的店还让人想再来

最需要闲聊力的工作类别之一，就是服务业、接待客人的行业。

举例来说，去餐厅吃饭时，都会有人负责接待顾客。如果他们很忙，就会让人觉得不好意思搭话，所以会避免在店内最忙乱的用餐高峰时段去。那么，在不忙的时间段如果要去的话……当然，是服务人员善于闲聊的店，会让人想再次造访吧。

有一家我和家人都很喜欢的餐厅，我们有事没事就会去用餐。餐点当然很美味，除此以外，店里的服务人员非常容易亲近，很会和客人闲聊。例如，我们在点酒时，他会在解说的空当和我们轻松闲聊。

第 4 章

职场上可用的闲聊力

"事实上,我因为想取得侍酒师的资格,现在正在准备资格考试。"

"咦?要怎么取得侍酒师的资格呢?"

"有一个〇〇鉴定的资格考,它会考这样的题目……"

如果我们带孩子一起来,他也会适当地选择话题,和小孩聊天:"以前我也很喜欢小叮当呢。"

料理当然是重点,闲聊的时间其实也只有几分钟,但因为和他聊了几句,觉得很放松,料理吃起来就更加美味了。我们会光顾这家餐厅,料理是一大原因,但有一半的原因也可以说是因为想和他闲聊吧。

举例来说,如果客人点餐时问服务生:"你们最推荐的料理是什么?"

他却回答:"我们店里的每道菜都很推荐!"这样,谈话就无法成立了。

餐厅的人可能对自家料理很有自信,因此无法决定哪些料理最值得推荐,但这不是理由。同样,如果回答"那里的板子上写了",这也无法让谈话继续。

直接看文字资料,的确就可以知道餐厅推荐的料理,但客人想知道的并不是这些。

　　最近客人常点的料理是什么,哪些料理用了精选食材,等等。店家能将这种推荐信息直接用谈话的方式传达出来,是很重要的。

　　"老实说,我的兴趣是钓鱼,店里有我今天早上才刚钓到的新鲜活鱼哦。"

　　"我们店里最受欢迎的料理是○○,每个客人都会点它的。"

　　当店里的人这样说时,顾客就可以回应:

　　"这附近要钓鱼的话,要去哪里呢?"

　　"这个季节能钓到什么鱼呢?"

　　"真让人期待呢,那么,什么酒适合搭配这道料理?"
如此一来,话题就能展开。店里的人也会继续回答:

　　"如果是年轻人,配▲▲酒很不错哦。"

　　"年长者的话,这个很受欢迎呢。"

　　善于闲聊的人会很自然地进行引导。正因为如此,与顾客间就会产生对话和互动。而且,能这样做的人,当面对不同顾客时,也能选择适合的话题。

第 4 章

职场上可用的闲聊力

现在这个时代,这样的观念应该不用多说了吧——不只是餐饮店,只要是直接面对顾客的行业,除了商品质量外,和顾客的互动也很重要。能够自然地和顾客谈话,除了具备专业信息外,还能了解顾客的心情,愉快地闲聊,这样的店顾客自然会想再次光顾。对顾客来说,这就是"让人还想再去"的店。

36

老板的工作是闲聊和做决定

经营者的工作到底是什么？我认为，是闲聊和做决定。对于商界人士来说，最重要的能力是做出适当决定的能力与闲聊力。说老板的工作就是这两件事，也不为过吧。

你可能会这样想："做决定我懂，但闲聊也算经营者的工作吗？"找出市场上新的需求、发掘点子、推动最能带来营收的营业项目，训斥或激励员工，收集工作现场的情报，这些行为都和闲聊力有关。为了和客户先打好关系，当对方来公司拜访时，老板会突然出现，和对方闲聊两句，然后说："……那先这样，我先告辞了，接下来就交给〇〇了！"短暂寒暄之后就离开。

我想，读者中应该也有人见过老板不经意出现这种画

第4章
职场上可用的闲聊力

面。这种不经意的闲聊,就如同剪彩般的仪式,往往是洽谈一桩大生意的起点。

也就是说,闲聊力可以成为推动生意进展的突破口。

37

闲聊力可成为职场上的安全网

闲聊为职场所带来的加分作用中,值得注意的是它所具备的安全网效果。

就以常有机会与一般住宅接触的工作——邮差或快递工作者为例吧。

比方说,我家养了一条小型犬,它会趴在玄关前等着有人来访。不过,来收件或送件的人,几乎都对小狗视而不见。就算看见了,也不会搭理它。

只有一个年长的邮差连狗的名字都记得,每次来一定会和小狗说话,像是"你今天也很有精神呢",所以狗也和他很亲近。有句话说,"射人先射马",同样,在这种情况下,应该可以说是"射人先射狗"吧。

毕竟,养了动物的人,对于重视动物的人会比较有好感,

第 4 章

职场上可用的闲聊力

这是人之常情。

因此,对我们而言,这个邮差爷爷就不单是"送邮件的人",而是"感觉人还不错、喜欢狗的老爷爷"。当我们有了这个想法后,他和其他的邮差、快递员就有了区别,因而变得格外不同。

所以,如果他在工作上有什么小失误,我们也比较能接受,因为已经是可以闲聊几句的关系,就不会太在意他的一点小差错。例如,本来指定上午要送达的东西,下午才到,如果他说:"因为下雨的关系,所以迟到了……"我们也会说:"这种天气嘛,没办法。"

但如果没有建立起这样的关系,我们就只会就事论事,指出对方的错误,加以抱怨。

"我不是说中午前要送到吗!"

"这种雨势也可以当成理由吗!"

建立良好人际关系的闲聊力,在自己和工作往来对象间,能扮演效果非常好的缓冲垫。也就是说,闲聊也能掩护工作上的失误。

在这里，我举的例子是邮差爷爷来送件时，会和我们聊个一两句有关狗的话题。其实想要开启话题，拿什么当引子都可以。

例如，我们家玄关装饰了一幅画，但从来没有一个邮差或快递员提起过。我们可是狠下心花钱买了幅还算可以的画来装饰，但悲哀的是，谁都没有反应，唯一有反应的是画商。真是让人有点失落，有种做好了万全准备却无疾而终的感觉。

这个时候，如果有人问："这是什么画呢？""这画真不错，是谁的作品？"我们就会很高兴。因为就是等着有人这样问。就算问"这幅画花多少钱买的？"也没关系。

在工作上，如果会接触到客户的生活圈，但对于对方认为重要的东西，无论是小狗、画、花等，都完全不闻不问，就不能说是把工作做好了。

因为工作而拜访客户家时，如果玄关装饰着花，那多少也要提到花；如果装饰着画，就多少要提到这幅画，这样的态度很重要。

要在视线所及的范围内，寻找可成为谈话契机的事物。

第4章
职场上可用的闲聊力

"这是什么呢?"即使这样问也没关系,这是在利用闲聊力快速缩短和对方的距离。

通过闲聊,能建立起像是能宽容他人错误的良好人际关系。讲得严重点,闲聊所建立的人际关系,在工作发生问题时,可以成为一张安全网。

此外,近年来由于考虑到安全问题,我们对于生活中不知道对方名字却有所接触的人,都会更加小心。所以,举例来说,有越来越多的快递公司,在确定由某个快递员负责某一区域后,会让他们配戴标示着"负责本区域的"字样的名牌。对顾客而言,每次来送件的也会是同一个人,"啊,是送快递的人。"

看到熟悉的脸,知道对方的名字,我们就会觉得安心。如果能再加上可聊个几句的气氛,安心感就会提升。

送件、取件,虽然是时间非常短的工作接触,但光是能闲聊几句,就能建立起"知道对方是谁"的人际关系。

相反,若是有完全不认识的人上门,屋主就会产生戒心,格外留意。在现在这个危险的社会,人们对于"不知道对方是谁"的这种匿名性感到不安。

因此,闲聊力不仅在职场上是非常有效果的安全网,在社会中也是。

第 5 章

人、漫画、电视,向所有闲聊达人学习闲聊技巧

第5章

人、漫画、电视，
向所有闲聊达人学习闲聊技巧

38

向漫画学习说愉快的蠢话

各位知道《课长笨蛋一代》这部漫画吗？它是《魁！天兵高校》的作者野中英次的搞笑作品。我非常喜欢这部漫画名作，把它当成闲聊教科书。除此之外，我还把它摆在家里的洗手间，每天都读，不知道已经读了多少遍。

漫画是描述家电公司担任"课长辅佐代理"一职的主角，和他的部下间不断重复的"几乎没什么意义"的对话。几乎就只是这样的内容，但其中却满是精彩绝伦的闲聊。

比如说，主角让想当演员的下属表演"结束工作后回家的职业棒球运动员"。看了下属的演技后，主角说："那只是喝醉的球迷吧。"又说："为什么一开始你没有问我，扮演的是菜鸟还是资深球员？"到这里，已经是在瞎扯了。

然后，在一番恶搞下属后，他却说："最大的问题是，这不是上班族午休时该做的事吧。"

就是就样。漫画中的篇章，都是这样的感觉。不过，这正是精彩的闲聊，可作为闲聊模板。

漫画中，主角绝对不工作，无论在公司或去拜访客户，他就只是闲聊。不过，光是那闲聊力，就够让人瞠目结舌。因此，只要有他在的场合总是很热闹。例如他会抛出话题："喂，你觉得这个怎么样？"对方要是说不出来，他就会说："你这家伙真的很不会接话呀。"

他丢出闲聊话题的方式，有时候也很乱来。

"我虽然很喜欢签字笔，但不知道为什么，每次要用笔时一抓，总是抓到圆珠笔。签字笔这不是在针对我吗？我应该怎么办？"真的净是些可有可无的话。这时候，有点机灵的部下就会这样回话："课长，其实你是想报复签字笔吧？"

于是，更加可有可无的对话又接着展开：

"没错，我要怎么报复它才好？"

"拿掉笔盖，让它干掉。"

"这对签字笔来说，真的很讨厌吧。"

这部漫画就单是以这样的互动方式所构成。虽然是在杂

第 5 章
人、漫画、电视，
向所有闲聊达人学习闲聊技巧

志上连载，但不会每期都有个收尾，有的话题会没完没了地延续到下周。一个话题如果还可以继续，就会尽可能延伸；要是觉得没办法再继续，很快就会换另一个话题，像是突然来个"企图征服地球的外星人"之类的；当觉得无法再继续扯下去，又马上改变话题。随便的程度，还真是无人能及。

一般的漫画应该会希望发展出故事情节吧，但这部漫画没有故事，只有情境。说起来，它也没有情景短剧般的精彩起伏，看的人看到最后只会觉得："啊？就这样？"

但是，它非常有趣，确实包含了形成闲聊的基本要素，像是话题的开启和回应，以及如同说相声般的一唱一和。

以闲聊力为主题，表现出闲聊的精彩、巧妙，单纯以此为内容的漫画很少吧。

无厘头、无意义的话不断发展后所产生的乐趣，会让人觉得很有意思："这样无厘头的内容居然能聊这么多啊。"所有谈话的人都会兴致高昂。

如果气氛很热烈，就继续延伸这个话题；如果觉得没什么好聊，就马上转换主题，多么清爽利落啊。

39

向国分太一学习"记住闲聊内容"的能力
——即使忘记对方的长相,也不会忘记闲聊过的事

前面提过,TOKIO 的国分太一是个闲聊达人。理由就如前所述,他非常善于赞美对方。此外,和他谈话时会让你觉得"好像是昨天才见过面",这种技巧也很高明。

我要举的例子,是之前去参加国分太一主持的节目《灵气之泉》的事。我是第二次上这个节目,距离上一次已经有四五年了,时间隔得很久。

节目录像的空当,和参加者、工作人员聊天时,国分太一说:"上一次,斋藤老师跟我说○○……"

他不但记得四五年前闲聊时偶然一提的话,而且说得很自然,就好像是在讲"昨天见面时聊到的话题"一样。我想,他当然不可能记得当初聊到的所有内容,只是对某

第5章

人、漫画、电视，
向所有闲聊达人学习闲聊技巧

些关键词或句子有印象。但是，和他谈话的人会因为他记住了自己说过的事而觉得很高兴，对他也自然而然地产生好感，觉得亲近。

"啊，我的确这样说过呢，你居然还记得啊！"对方就能很愉快地这样回答。双方的关系也因为"记得闲聊内容"的这一点，变得更为亲密。

所以，在闲聊中，"记忆"也是重点。几乎不会有人特别记住闲聊的内容，因为不太重要，一般都是听过就算了。但正因如此，你更要记住。不是要你记住闲聊的所有内容，只要记住谈得很起劲的话题或有印象的话就行了。

有意识地去记住，什么人说了什么话。只要这样做，闲聊时就会更热烈，人际关系也会变得更好。

事实上，我们在和他人谈话后，有时候记得的，是和主要话题无关的内容。

"我虽然完全忘记那个人的名字了，不过，他的父亲应该是鹿儿岛人……"像这样，与主题无关的小插曲，反而容易记住。即使忘记人的长相，却意外地记得聊过什么。所以，如果下次再遇到对方，从谈过的话题切入，一定能很顺利地展开闲聊。

"你好，好久不见。"

"……"

"我就是之前和你聊过○○的▲▲！"

"啊，你是那时候的那一位！当时真是谢谢你了。"

像这样的情况很常见。

记住聊过的话题，下次闲聊时，就能以此作为和对方闲聊的契机。

闲聊的记忆，会成为和谈话对象的交集点："和那个人，首先可以谈这个话题。"也就是，你和对方之间，已经事先架起了一座桥。只要先有这座桥，之后就能衍生出更多话题。

是否能记住上一次闲聊的话题，让这座桥成立，会大大左右我们的闲聊力。

我去上《灵气之泉》这个谈话节目时，国分太一记得和我之间的那座桥（也就是上次聊过的话题），并且主动架起了桥。以这个话题为中心，从"你之前这样说过呢"、"以前你说过关于○○的话……"这样的话开始，聊得很

第 5 章

人、漫画、电视，
向所有闲聊达人学习闲聊技巧

起劲的情况自然就多了。

　　国分太一很能记住和其他人聊过的话，就算对方忘记了，他也还记得，并以"就像昨天才见面聊过"的感觉，抛出话题。

　　这就是我认为他是个闲聊达人的原因之一。

40

向大阪人学习"做反应"的闲聊术

是否善于闲聊,根据地域不同也有差别。在日本,说起擅长闲聊,那当然是关西地区的人,其中又以大阪人为最。

总而言之,大阪人的闲聊等级很高。

大阪人之所以这样会闲聊,原因之一,就是他们有东京人所没有的"做反应文化"。以前,剧作家鸿上尚史在《周刊SPA!》的连载中也提过,某个电视节目曾经做过一个策划:"如果让关西人看印笼的话(古代日本武士随身携带的小药盒,因为最初是用来放印章的,故称印笼)"。

以走在路上的一般大阪人为对象,如果啪地将表明水户黄门武士身份的印笼拿出来,几乎有九成的人会做出反应,发出"HA"的声音表示敬畏,然后低下头,而且还会跪下来,五体投地。无论是单身上班族、高中女生、大妈,

第5章

人、漫画、电视，
向所有闲聊达人学习闲聊技巧

还是年轻情侣都一样。如果是父母带着小孩，父母自己当然会做反应，还会叫小孩也跟着做："快点跪下。"

简直像在看整人节目似的，似乎每个大阪人都会做出同样的反应。如果地点换成东京，就不太可能看到这种反应了。大部分的人应该会愣住，一副"这是在做什么"的表情，然后直接走开。

在大阪，如果做出挥刀砍向对方的姿势，每个人都会装出被砍到的样子："啊""被砍到啦"；如果假装用枪射击对方，他们也会捂住胸口，装成身体不支倒地的样子。

只要对方做出一个应该要有所回应的动作，大阪人就一定会有所反应；如果那个回应有固定模式，就能得到预期中的反应。对大阪人而言，这种做反应的文化已经根深蒂固，根本不必思考，而是完全内化了。

所以才会有看到印笼，就自然地发出"HA"的声音，然后五体投地。在思考前，身体已经先动了起来。

这种身体会自然动起来的"做反应文化"，与善于闲聊所需要的正向反应有直接关系。一方抛出话题后，对方做反应，然后这个反应又会让谈话对象也能有所回应。就这样，在互相做反应、彼此回应对方下，闲聊的气氛也变得热烈，话题不断展开。

我想，这种在思考前，身体和嘴巴就先动起来的做反应文化，之所以能形成，原因之一，会不会也是和他们的身体经常处于温暖状态有关。

我在大学课堂中让学生练习闲聊时，会先让他们站起来做体操，拍手，击掌。这样一来，体温就会稍微上升。在这种状态下开始闲聊，谈话会更起劲。

我在想，也许大阪人的平均体温比东京人高，他们的身体常保持温热。

大阪人中，嗓门大的人很多，每个人都大声说话，讲电话时的声音更像是快要破音了。讲话能这样大声，就是他们身体常保持温热的证明。就在这种身体温热的状态下，产生出大阪特有的做反应文化。虽然有时候，他们也会表现得太过头，让人有点烦。但我还是觉得，有过于冷漠倾向的东京人，应该向他们学习。

第 5 章
人、漫画、电视，
向所有闲聊达人学习闲聊技巧

41

向单口相声学习"引子"和"主题"间的切换技巧

高中、大学以及私立初中的入学考试，在考试与每个人都息息相关的今天，除了小学、初中、高中老师外，对于一般补习班和升学补习班的老师，也被要求必须具备很强的能力。

身为教师，具备教学能力是当然的，但现在教师必须具备的条件中，更多了"能否巧妙地闲聊"这一点。

上课时，为了不让课堂气氛自始至终都很紧绷，并且能在适度放松中进行教学，教师具备能够转换气氛的闲聊力是必要的。但不能是完全无意义的话，必须是有着什么意义的闲聊。

我在大学授课时，也有很多学生希望我能先随便聊点什么，不要马上直接讲课(和年轻人不喜欢闲聊的情况相反，事实上，他们来学校很希望能闲聊）。

如果上课时要马上进入正题，脑子就必须立刻处于备战状态。脑袋的齿轮，得从上课前放松、无动力的状态，一口气快速运转起来，这对脑袋会造成很大的负担，使它容易疲倦。

大学中，善于闲聊的老师很受学生欢迎，他们的教学质量也比较好。但是，即使擅长闲聊，如果上课时几乎都在聊天，这种老师就会被认为仅仅是有趣而已，还会被学生瞧不起。

也就是说，老师需要具备的是，能够引导学生听课的闲聊力，以及巧妙从闲聊转换至课程主题的能力。而这也是攸关老师教学反响的重大问题。

不过，工作上需要"在闲聊与主题间切换"的人，不只是老师。

例如商业上的洽谈。如果马上就直接谈契约，把文件、签字笔、印章等都拿出来，双方会因为太过紧绷而觉得疲倦。这种时候，人都会希望有个什么作为缓冲。因此，闲谈就变得很必要。当然，一直没完没了地闲聊，也没办法工作，

第5章

人、漫画、电视，
向所有闲聊达人学习闲聊技巧

所以才需要能在闲聊和主题间切换的能力。

只要是上班族，应该会不时遇到这种情形。

"我已经很不擅长闲聊了，更何况是从闲聊切换到正式的谈话主题！这也太难了……这种巧妙的技巧，我做不到。"如果有人这样认为，我建议他一定要参考某种表演。

那就是，日本的单口相声：落语。

在进入落语的主题前，会有一段称为"枕"的引子。

落语师会先闲聊一些听众熟悉的事，然后很有技巧地在某个瞬间切实切入主题。例如，明明是在聊这一两天的新闻，却突然开始说起江户时代的八五郎、熊五郎的故事，但又不会让人觉得突兀。

高明的落语师，能让作为引子的话产生效果，十分巧妙地引领听众进入主题。

我听了落语师古今亭志生的CD。落语的主题本身当然很精彩，而引子与主题间顺畅的衔接，更是杰出。

他像是和听众闲聊般地说着话，而在听众不太确定到底从哪里开始是主题时，他已经非常自然地从闲聊转换到落语主题了。而且，在说着落语主题时，也有一种闲聊般的感觉。这真是高手的技艺。

说话时,不是开门见山马上切入主题,而是先"铺平地面"。闲聊,就是扮演铺垫的角色,在作为引子的闲聊和主题间,取得很好的平衡,自然切换,巧妙地控制紧张与缓和的气氛。日本的传统文化单口相声中就包含着巧妙切换主题的秘诀。

第 5 章
人、漫画、电视，向所有闲聊达人学习闲聊技巧

42

让铃木一朗挥出安打的小葛瑞菲的搔痒

因为我提到落语，有些人可能会觉得"要提升闲聊力果然还是很困难"，从而没有自信，我想建议这些人参考一个人的做法。

这个人就是 2010 年 6 月退休的美国大联盟西雅图水手队的前外野手小葛瑞菲（Ken Griffey Jr.）。小葛瑞菲 2009 年重回水手队，和铃木一朗成为队友，并总是十分开朗地接近他。我想，很多人都应该在电视上看过他为铃木一朗搔痒的画面。

小葛瑞菲在受访时说过："只要我对铃木一朗搔痒，他就会挥出安打，所以我会一直给他搔痒。"

仔细一想，铃木一朗几乎每次比赛都能挥出安打，即使小葛瑞菲不在水手队期间，他也完成每年挥出两百支安

打的纪录。

小葛瑞菲当然也知道这件事,但是,他还是说了"只要我对铃木一朗搔痒,他就会挥出安打",然后也这样做了。其他选手看到铃木一朗笑着躲开搔痒的样子,也变得和他亲近起来。

那是一种觉得可以触碰身体的亲近感,是过去铃木一朗没有呈现过的感觉。铃木一朗在挥出安打后,队员会过去拥抱他——但在小葛瑞菲搔他痒之前,铃木一朗给人的感觉是,不适合对他这样做,因为他让人觉得不容易亲近。

这样一想,就会觉得小葛瑞菲搔痒的行为,也像是一种闲聊力,超越了语言之墙,在不经意间完成沟通。这种搔痒的行为,让队员间的关系及球队整体的气氛都变好了,可说是最强的闲聊力。即使没有言语上的沟通,像这样不经意的身体接触或开玩笑,你也可以将它作为提升闲聊力的方法之一,不妨一试。

第 6 章

闲聊力,让你生存得更好的能力

第6章
闲聊力，让你生存得更好的能力

43

以闲聊来确认和他人有所联结

当处在没有归属感的地方，或不知道该做什么的场合时，人们通过闲聊，可以确认自己和周遭的联结。

班上如果来了转学生，或者部门里来了从其他部门调来的同事等，当大家聊得很起劲时，他们往往无法加入谈话。对于组织里的新人，其他人并没有故意排挤或欺负的心态，但自然会出现这种新人无法融入的情况。我想，有过这种经历或者感受的人应该很多。

组织中的多数派在心态上不够开放，即使自己这一圈的人气氛热烈，也很难让他人加入，这种状态是很容易发生的。这时候，感觉被阻挡在外的新人，就会觉得心情上很疲乏。因此，如果多数派能够不僵化、更开放，有意识地和新来的人说话，就能化解他的紧张及情绪疲劳，也会让组织的整体气氛变得更加自然愉快。

组织中有新加入者时，让整体气氛变得融洽还是僵硬，责任是在多数派的一方。因为多数派的人必须在自己和少数派或个人间，架起一座桥梁。

而最普遍的、最有效果的那座桥，就是没有什么实质内容的谈话，也就是闲聊。

至于身处不知道该做什么的场合，比较典型的情境就是在工作交际上不可避免的鸡尾酒会。在这种场合中，周围几乎都是不认识的人。一直拿着酒杯站着，从头到尾都没有和任何人说话，很多人应该都有类似的经历吧。

我只要受邀参加这种酒会，就会做出"一次酒会，要增加一个熟人"的决定，要和某个出席者（当然是第一次见面的人）进行闲聊。

那么，要和谁说话呢？

像我一样，没有认识的人、心情好像不太好的人，就是说话的对象。

第6章
闲聊力,让你生存得更好的能力

"哎,都是不认识的人,实在无法加入谈话。"我会这样搭话。

听到我这样说,因为对方也苦于没有谈话对象,有很高的概率会顺着我的话回应。

"我是一个人来的,真的觉得很无聊、很困扰呢。"

"没错,我也是代替上司来的,真的觉得很不自在。"

就像这样,稍微闲聊点有的没的,就能变得熟稔了。

因此,如果想在鸡尾酒会中开拓人际关系,首先可以找看起来很闲的人、一直站着的人、没人找他谈话的人,主动和他们聊天。

这样的人,都是在等别人找他们谈话,或正处于一种微妙的尴尬和不自在的状态。因此,如果有人跟他们闲聊,就会让他们觉得松了口气。这种安心感也能拉近彼此的距离,在自己和对方间架起一座桥梁。

也就是说,一旦有闲聊对象后,就会从孤独中得到解放。这种时候,闲聊的内容是什么并不重要。主动搭话的行为、闲聊的行为,才是重点。试想,在这种情况下,你能不经意地和别人闲聊吗？能够为觉得不自在的人架起桥梁吗？

所以，闲聊不只能将人们从孤独中解放，也是让完全陌生的人们之间发生联结的绝佳开端。

第 6 章
闲聊力，让你生存得更好的能力

44

找回我们"善于撒娇"的本性

20 世纪 70 年代，日本出版了一本名为《撒娇的构造》的书。2010 年，我正好与这本书的作者土居健郎先生，共同出版了双方对谈的书。

根据土居先生的说法，"撒娇"是日本人特有的一种感情，在欧美国家，并没有与它相对应的词汇。

对以前的日本人来说，"撒娇"是不得不克制的一种情感。

在没有"撒娇"这个词的欧美国家，孩子从小就不会撒娇，比较能够自立；比起他们，日本人是比较会撒娇的。小孩子不用说，连成人、进了社会的人，在精神上都还会撒娇。因此，在进了社会后，这就变成不得不克制的一种情感——在《撒娇的构造》一书出版的时代，人们是这样想的。

不过,现在的情况正好相反。我认为,现在日本人的难题,应该是"不会高明地撒娇"。这里所说的"高明地撒娇",是指得体地撒娇。和"只是纯粹撒娇",也就是"心灵不够坚强、想依赖别人"的撒娇,性质上是不同的。那么,"高明地撒娇"指的是什么呢?我认为,它是能让自己受到喜爱的行为,是制造一个让撒娇的对象能允许这种行为的状态。

例如,住在附近的老婆婆招呼你:"我做了豆沙糯米团,你要不要吃啊?"而你对甜食恰好没兴趣,那你会怎么回应呢?

① "不用了,谢谢。"——很普遍的拒绝。

② "我不是很喜欢吃甜食呀。"——说出理由的拒绝。

在这种情况下,这两个回应都不是最佳的。只是单纯地判断吃或不吃,这样的人就不善于撒娇。

这时候,柔顺地说"那我不客气了"或"啊,这样吗?那我就不客气啰",才是正确答案。

第6章

闲聊力，让你生存得更好的能力

　　如果一开始先说了像是婉拒的话，然后想要再接受，也只是二流的反应。因为，老婆婆可能突然顺着你的话说："啊，是这样吗？那没关系"，话题也许就此打住。如果你吃了，在吃完点心后，就自然要赞美："很好吃哦"；如果觉得点心好像还有很多，就要有更进一步的反应，比如问："我还可以再吃一个吗？"对方就会说："当然可以"或"年轻人不多吃点可不行啊"。

　　就像这样，善于闲聊，也可说是善于撒娇。

45

任何人其实都爱说话

以前，我曾经在以银发族为对象的课程中授课。

课堂上聚集的当然都是七十多岁的老爷爷、老奶奶。他们都很热衷学习，很认真听我讲课。有一次，我在课堂上提出一个主题，让他们自由讨论。

从那天起，学生之间快速地变得热络。在那之前，他们彼此间只是互相打招呼的关系，但之后感情一下子就变得很好。课堂上变得很有生气，最令人高兴的是，每个人都变得很有活力。

事实上，他们平时虽然想说话，但却没办法说。一问之下，他们都说在家里没什么机会说话。虽然来这里也想听课，但和课堂上年龄相仿的同一代的人聊天更开心。

因为自由讨论的授课方式大受好评，所以每次上课时

第6章

闲聊力，让你生存得更好的能力

我都这样做。于是，比起我讲课的时间，全体学员讨论的时间更多。之后，几乎没有人会请假。不管讨论的主题或内容是什么都不重要，重要的是说话这件事。或许，这是最适合他们的消除压力的方式。

也就是说，对很多人来说，"说话"是比什么都好的健康法。每个人都能通过轻松的闲聊，消除压力，恢复元气。工作已经完成，也不用加班，却不想（或不能）直接回家的男性上班族，事实上也和这些银发族一样。

他们先去常光顾的店喝一杯再回家，有大半原因也是想和人聊天。在喝杯酒、和老板或其他常客闲聊一些社会上的事后，再回家，这种心情我也了解。

下班后马上看到妻子，会突然不知该说什么好；孩子见了自己，也敬而远之。所以即使回到家，也不晓得该怎么说话。所以，想在回家前先有个缓冲，想先在某个地方和其他人说说话。

我想，那是因为他们不想一下子，就将脑中的工作模式切换成家庭模式，希望有个中间的过渡区域。所以，想聊些和工作、家庭都不相关的话题，让脑子冷静下来。只要是人，应该都希望闲聊，都想和人说话。我们每个人，都渴望与人说话、聊天吧。

第6章
闲聊力，让你生存得更好的能力

46

年长者其实很想听年轻人说的无聊话

如今，不知道如何和上司、亲戚、长辈等年长者闲聊的年轻人，越来越多了。这是为什么呢？

有些年轻人确实是因为"觉得麻烦而不想说话"，自己不愿与年长者沟通。不过，似乎也不都是这样的情况。

之前，在NHK的节目《以成为公司之星为目标吧！》里，有个年轻女白领这样说："我觉得，聊自己的嗜好，上司一定不会感兴趣。"就像这样，虽然很想跟长辈说话，但为不知道对方是否能理解而感到不安，所以干脆不说，有这种想法的年轻人很多。"年代不同，无法沟通"，有这种烦恼的，不只是中年以上的大叔、大妈，年轻人也会担心。

因为出生年代不同，所以一定话不投机吧？谈话前就先这样想，谈话时当然就会不太顺利。

不过，不用担心。

上司或者公司里的长辈，其实对于年轻人的话语感兴趣程度要超出年轻人自己的想象。和我年纪差不多，或比我年长的人，对于年轻人的想法、兴趣，其实很关心。不过，现在这个时代，如果对女性同事说了不太得体的话，就马上会被当成性骚扰，大叔级的上司也因此不太知道要怎么和年轻下属搭话。

也常有认识的人问我："现在的大学生，都在想些什么呢？"

因为工作的关系，我对时下的学生有一定程度的了解，所以，那些和这些学生完全没有交集的人，才会更想了解当下学生的想法。

每个大叔，都对年轻人说的话有兴趣。我想，他们除了对聊天本身感兴趣外，也是将谈话内容当成信息，想加以了解。年轻人的兴趣和话题，对年长者而言，有着超乎想象的价值。因此，和大叔、大妈讲话时，不必勉强自己配合他们的话题。

第6章

闲聊力，让你生存得更好的能力

我的学生都很有分享精神，会告诉我年轻人的话题：

"老师，现在这个很流行哦，你知道吗？"

"咦，老师您不知道吗？这个是利用〇〇，可以做▲▲的，记住比较好哦。"

对大叔、大妈这个年纪的人来说，孩子们跟自己说话，他们比什么都高兴。晚餐时，听孩子说起学校的事，"今天在学校，某某人怎么样"等，是无上的喜悦。所以，他们应该不至于不想听年轻人说话，也不会嗤之以鼻地抗拒。

因此，我希望年轻人也不要有所顾虑，要常常与年长者闲聊。

不必勉强找话题，就说自己平常会聊的事情就可以。

让人意外的是，这些事会成为年长者的闲聊火种。和年轻人聊天时得到的信息，他们之后和别人闲聊时就能成为话题。短短三十秒也没关系，请告诉年长者现在年轻人流行的事物吧，不用担心"我会不会讲太多现在的事了啊"。

就由年轻人，把隔在不同世代间的障碍物移开吧。如果能主动和年长者闲聊，年长者也一定会因为能架起彼此间的桥梁而高兴的。

然后，他们也许就能得意地和年纪相仿的朋友说："我是听认识的年轻人说的，现在那个东西就是这样哦。"对于年长者来说，年轻人没什么特别意义的谈话，却意外地充满内容，有着特别的价值。

第6章
闲聊力,让你生存得更好的能力

47

我们在不知不觉间,会受到闲聊的影响

聊天时,本来只是单纯配合对方的话题,但聊着聊着却慢慢产生兴趣,这样的情况很常见。

例如,聊天时,对方提起这样的话题:

"最近我很迷历史小说呢,藤泽周平的作品真是太棒了!通过他的小说,可以了解江户时代的生活情形,真的很有趣。"

听的人虽然本来对历史小说没什么兴趣,但闲聊中一直听对方谈起历史小说的魅力和趣味,也会忍不住这样想:"如果真这么有趣,下次我也来读一本看看吧……"

又例如,很喜欢《论语》的学生很少见。但有一次上课时,我请学生读《论语》,要他们把自己觉得不错的内容,

以具体引用的方式介绍给邻座同学。

如此一来,即使学生一开始觉得"我又没有读过《论语》,哪知道哪个部分好啊",但课程后半段,他们对《论语》的了解,也达到了能向别人大致说明内容的程度。

所以,即使先入为主,觉得某个事物好像不太有趣,但如果发现它的优点,却也可能因此产生兴趣,在不知不觉中喜欢上。而在告诉别人《论语》中不错的内容时,也有很多学生因此觉得"咦,《论语》其实很有趣嘛"。

此外,本书之前提到的"赞美"也是一样的道理。如果戴了一条自己觉得不怎么样的领带,但闲聊时,对方赞美了领带:"很可爱""很俏皮哦""很有吸引力呢"。自己再看这条领带,就也会觉得它很可爱、很俏皮、很有吸引力了。总而言之,闲聊时自己所听到、所说的话,对自己都会造成影响。即使是闲聊,所谈的话题也会反过来反馈给说的人。

我们常说:"如果想达成目标,就要向别人宣告自己正在挑战的事。"这是因为,比起把目标默默放在心里,公开告诉别人,比较能促使自己全心全意朝着达成目标的

第6章
闲聊力，让你生存得更好的能力

方向努力。

例如，只要和遇到的人闲聊，就说起自己正在减肥的事，这样也能维持动力坚持下去。"最近，为了改善运动不足的情形，我开始慢跑了，虽然才第三天而已。"像这样，通过和别人聊起自己的目标，可能只有三分钟热度的自己，也能再次拥有冲劲。

利用闲聊，能开拓自己的视野、感性和好奇心，也能提升做事的动力。

日本有句谚语说："对别人好，不是为了他人。"意指，如果帮助别人，最后这份善意会回到自己身上，别人也会对你好。所以，确实也可以说："闲聊不是为了别人。"

48
提高注意力,刻意插入闲聊时间

我在大学授课时,一定会在课程中开辟一个像是"闲聊时间"的时段。反正学生本来就想讲话,想聊天。

人在说话时就不会想睡觉。上课时,比起课程内容,学生也比较容易记得老师闲聊的内容。

无论是谁,都无法长时间集中注意力。学生由于一直在听课,脑子里满满的,从某种程度来说,无法长时间集中精神也是难免的事。

一个半小时的课程,从开始到最后,都要一直集中精神,说起来是很简单,做起来却不容易。对于能按照自己节奏讲课的老师来说还好,但对听课的学生而言,他们觉得办不到,也是情有可原的。

因此,我在九十分钟的课程里,会先讲课四十五分钟,

第6章

闲聊力，让你生存得更好的能力

然后利用十五分钟，给学生布置各式各样的题目，让他们讨论，之后再继续讲课。

也就是说，我是在课程中制造出闲聊时间。不过，因为有指定题目，所以虽说是闲聊，却也不是让他们漫无边际地聊天，必须要一边紧扣主题，一边展开闲聊。

即使如此，学生还是如鱼得水般地聊得很起劲，比听课时有精神多了。在闲聊时间后，每个人的注意力都提升了，能够专心听课。这是因为闲聊不但能够让他们转换心情，也让他们的脑子动了起来。

利用闲聊让学生的脑子动起来、能专心听课，这是我的教学技巧。在课程中插入闲聊时间，学生不但不会想睡觉，还能和其他同学有更多交流机会，结交更多朋友，之后的上课出席率也会变高。总之，优点相当之多。

就像这样，和主题无关的闲聊，能让疲倦的脑子休息，切换模式，变得更有活力。陷入胶着的会议也一样，如果能休息一下再开始，之后就能有深入、热烈的讨论。

休息一下，不只使肉体的疲劳得到疗愈，而且在休息时所说的无聊的、没什么意义的话，对于让脑子稍事休息、变得更有活力，也非常有效果。

第 6 章
闲聊力，让你生存得更好的能力

49

利用闲聊解毒、释放压力

当有了让人心烦的事情时，人们都想找人倾诉一下烦恼，一旦说出来就会觉得很轻松，这样的情形应该常有吧。因此，当谈话的对象告诉你，他最近有些心烦的事或觉得有压力，这就是闲聊的契机。偶尔，我也会问同样是大学老师的同事："你觉得最近的大学生怎么样？很夸张吧。"

然后，自觉也承受了某些压力的同事就会回应我，说："最近，我的学生去实习的时候，居然迟到很久，对方就气冲冲地说：'我们再也不用你的学生了。'这件事的后续处理让我很是头疼……"

"现在，老师居然要打电话，和学生一一确认：'你的学分不够，没关系吗？'现在的学生实在是……"

我们就这样聊了起来。

超级聊天术

不只是大学老师,学校里的老师平常工作上的烦心事,几乎都和学生有关。和立场相同的老师聊天,也许心情就会变得比较好吧。比起知识和教养上的话题,说着可有可无、没什么意义的话,并且聊得很起劲,这才是闲聊。

基本上,闲聊是希望讲一些正面话题,让气氛变得热烈,像这样的抱怨的情况算是例外。这里所提到的,只是让对方感到困扰的事,也不是攸关命运那样的严肃问题,只是希望能让对方说出有点烦心的事,作为讨论的话题。

然后,当对方回应你的询问,说出烦恼后,你就应该表现出同感:"我了解、我了解,我也有这样的经历。"或是表现出惊讶:"啊?怎么会这样!怎么会有这种学生!"

表现出这些反应很重要。当说出讨厌或心烦的事情时,如果听的人能有同感,或是惊诧地说出"真不敢相信",说的人就会觉得自己的想法或感受,得到了些许肯定。

"像这样的情形啊……"不必说这样的话,不直接提供建议也没关系。对倾诉的人而言,光是让他能说出想法或感受,就能减轻压力。

在这种情况中,"听话的技术"比"说话的技术"更重要。

第6章

闲聊力,让你生存得更好的能力

所以,你要一直站在倾听者的立场,并回应对方,让对方能够借着说话抒解累积的压力。这也是闲聊的一大功能。

通过闲聊,可以释放人际关系中的些许压力。释放压力非常重要。现在,将毒素排出体外的健康法很受瞩目,也就是所谓的"排毒"。闲聊,能让心灵腾出空间,释放压力,给心灵排毒。让心灵得到疗愈、纾解压力,这也是闲聊在人际关系的沟通中所担负的重要任务。

50

发挥同感力，提升英语会话力
——闲聊时，可用来附和对方的英语

有的人就算去上英语会话补习班，英文还是无法进步；有的人看到外国人，就会无意识地避免视线接触——对英语，特别是对英语会话有自卑感的人，现在非常多。

要读写英语，确实不容易，尤真是阅读英文论文或拟英文合约等，更是需要很强的英语能力。就像我在外企工作的朋友说："那需要的程度太高了，一般人很难达得到，那是英语专家的程度。"所以，英语并不是一朝一夕就能培养出来的能力。

不过，对于大部分人来说，需要使用这种高级程度英语的场合，非常少见。多数人对英语的自卑感，是没办法用好像日常对话或海外旅行的这种程度的英语。

第6章

闲聊力，让你生存得更好的能力

我认为不善于英语会话，是因为没有闲聊力。

去国外旅行时，站着和外国人用英语谈话，稍做交流，这就是用英语闲聊。只是将平常用自己母语闲聊的话，改用英语来说而已。

因为是闲聊，所以不必太过要求自己。总之，就算说得不是那么清楚直接，只要能把想说的话传达给对方知道就可以了。和用自己的语言闲聊一样，用英语闲聊也不需要结论，只要通过互动让双方都很开心，了解彼此的心情，让气氛变得缓和——有这些元素就够了。

只需要让对方知道自己的想法和心情，所以不必在意文法和结构，使用不在意语法的"本土英语"也完全没关系。

尽管如此，我们却自己一味地将门槛提高。

其实，一般人本来就不可能完全不会英文，因为每个人在初中和高中时都学过。所以，不是不会英文，只是没有机会用英语说话，不习惯英语会话而已；并不是要说很难的、优雅正式的话，只是用英语闲聊而已。

说得极端一点，只要具备美国小学低年级学生的会话程度就行了。小朋友说的话也没有什么最后的笑点或结论，虽然文法怪怪的，但他们还是努力用少量词汇一个劲儿地说话。

如果是闲聊，这种程度就完全够了。这样一想，英语会话的门槛应该会一下子下降很多。

闲聊时，重要的是要让彼此产生同感。一方说了什么话，另一方就要回应他："对、对""我知道那个""真的是有那种情况"等。对于对方说的话产生同感，就会让闲聊更热烈。

不管是用母语或英语闲聊都一样。和能听自己说话的人聊天，谁都会觉得很开心或是心情愉快吧。虽然这不表示"不能说NO"，不过，不管对方说什么，我们通常会点头表示认同，即使是不知道的事也会说："啊，对啊。"

既然如此，用英语闲聊时，也可以先从"认同式英语"开始。这个方式意外地能通用，而且也很好用。我称之为"me too English"。这个英语会话法，是善加利用人们习惯认同对方的这个心理特点。

这种会话法的重点是，不管对方说什么，就以"me too（我也是）"来回应。听不太懂，或是不知道对方所说

第 6 章

闲聊力，让你生存得更好的能力

的话题时，就说"me too"。

"Do you know ○○（你知道○○吗）？" —— "Yes, yes.（是的）"

"Do you like ▲▲（你喜欢▲▲吗）？" —— "Yes, yes.（是的）"

如果对方说他喜欢某个事物，就算自己不知道，我也会说"我也是"。虽然有些奇怪，但不可思议的是，在说"me too"时，对话气氛就会变得热烈。

"你知道○○吗？"

"知道、知道，那个很不错呀。"

其实，一般闲聊时，仅是这种程度的对话也很多。反正是闲聊，所以不会是什么太正式的对话。

总之，英语闲聊也是这种程度的对话就可以了。如果要讲有情节，或是经过整理过的话，就需要准备一定程度的谈话内容，这就比较困难。如果希望将某个有创意的特定话题说给别人听，就需要相应的说话技巧。

但是，说这种准备好的话题，和站着闲聊几句，是完全不同的事。闲聊时，可以聊着聊着就改变话题。

当谈话无法继续，或是不知道对方所聊的话题时，可以用"by the way"（对了）这样的一句话，有技巧地转移到自己熟悉的话题。

说"me too"和"by the way"，只是把用一般口语闲聊时改变话题的句子，换成用英语说而已。也就是说，用母语和英语闲聊的方法，没什么不同。

因此，我们也最好不要将英语对话，当成英语学习的一部分。它不是英语能力，而是应该被当作"用英语对话的闲聊力"，被视为闲聊力的一环。

英语会话是闲聊力的一部分。也就是说，如果有了闲聊力，英语会话能力也会提升。

闲聊力，也是比英语会话能力更重要的技巧。

[正文结束]

结语
闲聊力就是生存力

闲聊力,就像是杂草所拥有的生命力。

无论是什么样的土地,即使是混凝土,都市里的蒲公英,只要发现有小小的缝隙,就能从那缝隙中长出来。就像这蒲公英般,面对因孤独而紧闭心门的人或似乎不太快乐的人,总有人能不经意地和他闲聊,让他和社会有所联结。

我觉得,具备闲聊力的人,就像是拥有这种杂草力的人。

只说需要说的事、和主题有关的话,说完后,就觉得"好,结束",这样做是很难和对方真正沟通的。只有闲聊——就像从混凝土般沉重气氛的缝隙间冒出来的杂草般的闲聊,才能从根本上和他人联结。

对这种人没办法、跟那种人不合,或是因为不善言辞而觉得丢脸或麻烦,因此,只有在熟识的伙伴面前,才会让"杂草"冒出来——的确,现在这个时代,会让人觉得"杂草"很难长出来。

但是,只种一株漂亮的花,即使你无比重视它,如果花啪地折断,也就什么都没有了。而且,在杂草都长不出来的地方,更不会开出花来。

2009年秋天,NHK的节目《特写现代》中,报道了不会说"请救我"导致最后孤独死去的三十多岁男性的事件,引起了很大的反响,以至于NHK后来又做了同样主题的报道。

此外,还有许多虐待自己的小孩、夺去其幼小生命的父母,以及受到虐待却没能向他人求救、选择死亡的孩子。像这样让人揪心的事件层出不穷。

"那个时候,如果我能跟他说话……"

"如果我能多听他说话……"

我们总能听到类似这样懊悔的话。

结语

长时间的经济不景气、裁员、贫穷、压力——在情势如此严苛的社会,如果能有个平常可以和谁稍微闲聊几句的环境,无论是住在附近的人、咨询中心的人,或是朋友都好,那么,在事态变得严重前,也许就能和缓地化解。

无论什么样的人,都不是靠自己一个人生活,谁都是一边和周围的人互动,一边在这互动中生存。

虽然人们一直说,现代社会的人际关系淡薄,但即便如此,即使是现在,人如果没有和他人接触、互动,简直无法生存。

而这种接触、互动的最基本内容,就是日常生活中没什么作用的话,以及每天不经意的闲聊。

我不由得认为,今后的时代,具备闲聊力,就好像拥有了强韧生存下去的能力。

而且,这个力量,除了能让自己强韧地生存下去,也能成为让周围的人活下去的力量。

用谈话来拯救人,用听话来予人疗愈。闲聊,不就是拥有语言能力的人类,为了生存而独有的能力吗?至少我是这样认为的。

是的,说闲聊力就是生命力并不夸张。

而再说得比较酷一点,闲聊就是人生的全部。

每个人都是出生后在学习闲聊的过程中成长,在闲聊中生存,最终也是闲聊着走到人生的终点。这就是人。

闲聊力就是生存力,我是这样认为的。

斋藤孝

图书在版编目（CIP）数据

超级聊天术 /（日）斋藤孝著；李静宜译. -- 北京：北京联合出版公司，2018.2（2020.4重印）

ISBN 978-7-5596-1513-8

Ⅰ.①超… Ⅱ.①斋… ②李… Ⅲ.①语言艺术 Ⅳ.① H019

中国版本图书馆 CIP 数据核字（2018）第 007857 号

北京市版权局著作权合同登记号 图字：01-2018-0806 号

超级聊天术

选题策划：李珊珊
责任编辑：孙志文
出版统筹：谭燕春
特约监制：高继书
特约编辑：牟莉莉

北京联合出版公司出版
（北京市西城区德外大街83号楼9层100088）
北京联合天畅发行公司发行
三河市华成印务有限公司印刷　新华书店经销
字数 100 千字　880mm×1230mm　1/32　7 印张
2018 年 2 月第 1 版　2020 年 4 月第 4 次印刷
ISBN 978-7-5596-1513-8
定价：39.00 元

未经许可，不得以任何方式复制或抄袭本书部分或全部内容
版权所有，侵权必究
本书若有质量问题，请与本公司图书销售中心联系调换。电话：64258472-800

ZATSUDAN RYOKU GA AGARU HANASHIKATA
-30 BYOU DE UCHITOKERU KAIWA NO RULE
by TAKASHI SAITO
Copyright © 2010 TAKASHI SAITO
Simplified Chinese translation copyright © 2018
by Shanghai Soothe Cultural Media Studio
All rights reserved
Original Japanese language edition published by Diamond, Inc.
Simplified Chinese translation rights arranged with Diamond, Inc.
through Future View Technology Ltd

会聊天，是一种至关重要的竞争力

但是，不会聊天怎么办？

就让在日本明治大学教授"闲聊课"的斋藤老师教你如何轻松聊天

《超级聊天术》续作《超级聊天术：实战篇》

101个说话技巧

全方位指导你的日常生活

为你带来人生的转变

即将上市，敬请关注